Gerry Adams

# Cage Eleven – Erinnerungen an Long Kesh

Ins Deutsche übertragen von Dagmar Roth

Mit einem Nachwort von Albrecht Meier

ars vivendi

Die irische Originalausgabe erschien 1990 unter dem Titel *Cage Eleven* bei Brandon Book Publishers Ltd, Irland.


Deutsche Originalausgabe
Erste Auflage 1995


Typografie und Ausstattung: WMS&S
Umschlagillustration: Armin Stingl
Druck: Fuldaer Verlagsanstalt

ISBN 3-931043-03-7

# Cage Eleven – Erinnerungen an Long Kesh

Für meine Mutter und meinen Vater

## Buíochas

Zu Dank verpflichtet bin ich Colette, die nie einen Besuch versäumt hat, und Gearóid, der mein bester Literaturkritiker wurde. Dank auch an Danny D., der die Illustrationen für die ursprünglichen, unter dem Pseudonym »Brownie« veröffentlichten Artikel gemacht hat und mich zur Zusammenstellung dieser Sammlung ermutigte; an Dáithí aus Lager Zehn, der sie damals getippt hat; an Jim Gibney, der den ersten Entwurf gelesen hat und mir mit Rat zur Seite stand; an Robin und Thomas, die geholfen haben, und Dave und Aengus, die versprachen zu helfen, es aber nicht getan haben. Dank auch an Fionnuala, die die erste Fassung mit der Maschine geschrieben hat; an Mary Hughes und Sal (mitten im Satz festgenommen und nun selbst im Gefängnis), die die letzten Fassungen getippt haben; an Eamonn und Pat, die das Fotokopieren überwachten, und Deirdre, die die beiden machen ließ. Schließlich Dank an den Dichter (es könnte Madra Rua gewesen sein, aber ich kann mich nicht mehr genau erinnern), der »Ar an tslí go Béal Feirste« verfaßte; an den verstorbenen Ho Chi Minh, dessen Gedicht im Kapitel »Nollaig Shona Dhaoibh« erscheint; an Seamus Heaney, dessen Verse im Kapitel »Der Zwölfte« abgedruckt sind, und an alle, die ich eventuell ausgelassen habe.

Inhalt

## Ar an tslí go Béal Feirste

I bhfad ar shiúl
Déanann soilse na Ceise
Breacadh bréagach
I spéir na hóiche.

Thar an Cheis Fhada
Ní gealtar aon lá
Chóiche.

Cé go lasann na mílte sóilse
Ann anocht,
Is siúd an áit is dorcha
In Éirinn –
Ó cheann ceann na hEorpa.

Roimh an dallrú úd
Stadtar
Mar ós cómhair réamh-chúirteanna
Ifrinn –

Aonrac,
Ineaglach,
Éadóchasach.

## Auf dem Weg nach Belfast

Von weitem gesehen
Malen die Lichter von Long Kesh
Eine trügerische Morgendämmerung
An den nächtlichen Himmel.

Aber über Long Kesh
Dämmert kein Morgen.
Nie.

Obwohl tausend Lichter dort erstrahlen
In der Nacht,
Ist es der dunkelste Ort
In Irland –
In ganz Europa.

Vor diesem grellen Schein
Verharrt man –
Wie im Vorhof
Zur Hölle –

Plötzlich allein,
In Angst und
Verzweiflung.

# Long Kesh

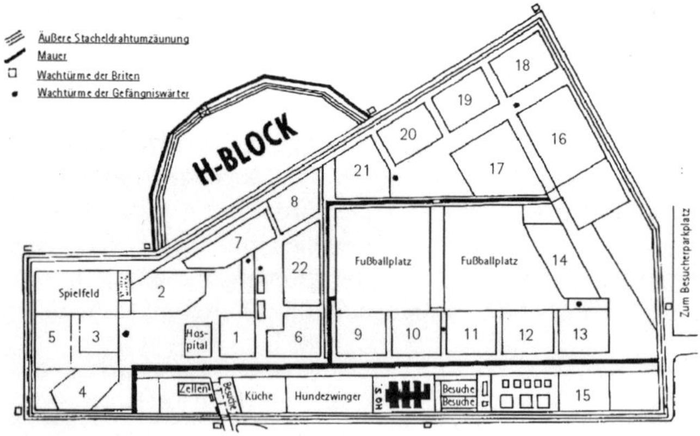


Long Kesh, Frühjahr 1977.
In den Lagern 1–8 und 22 waren Internierte untergebracht, in den übrigen Lagern verurteilte Gefangene.

# Vorwort

Das Konzentrationslager Long Kesh liegt neben der Autobahn M1 ungefähr zehn Meilen von Belfast entfernt in der Nähe der Stadt Lisburn; heute besteht die britische Regierung darauf, daß man es »Gefängnis Ihrer Majestät, The Maze« nennt. Was ist ein Name? Was uns Rose heißt ...

Fast zwanzig Jahre sind inzwischen seit der Einrichtung von Long Kesh vergangen, und all die Jahre gehörte das Lager zum festen Bestandteil des Lebens meiner ganzen Familie. An jedem der vielen Tage, die seither vergangen sind, befand sich zumindest einer von uns dort. Mein Vater zählte zu den ersten, die in Long Kesh eingesperrt wurden. Er, mein Onkel Liam und ein paar meiner Cousins wurden im August 1971 ohne Prozeß im Belfaster Gefängnis interniert und einen Monat später nach Long Kesh verlegt, das damals für seine unfreiwilligen Gäste eröffnet wurde. Mein Bruder Dominic, bei der ersten Internierung unseres Vaters gerade sechs Jahre alt, war die letzten paar Jahre im Kesh, und dieses Jahr mußte unser Sean dort Weihnachten zum erstenmal im Gefängnis verbringen. Unser Liam saß seine Zeit ein paar Jahre früher ab, und Paddy A., unser ältester Bruder, war mal drinnen und mal draußen. Und das sind alle Männer unseres »Clanns« – abgesehen von mir natürlich, ein paar Schwägern und einigen Cousins.

Die Frauen unserer Familie, Colette und andere Ehefrauen, Freundinnen, Schwestern, Schwägerinnen, Tanten und meine Mutter, machten fast zwanzig Jahre lang Besuche im Gefängnis. Trotz allem sind wir eine ganz normale Familie und keineswegs ein Sonderfall. Viele Freunde von uns sind in Long Kesh; im Norden Irlands leben zahlreiche Familien, die alle ähnliche Erfahrungen mit der britischen Justiz gemacht haben.

Tausende von Männern und Frauen wurden in den letzten zwanzig Jahren von der britischen Regierung eingekerkert. Tausende von Ehefrauen, Müttern, Vätern, Ehemännern und Kindern mußten jahrelang Besuche in Gefängnissen machen, sie sind es, die wirklich bestraft werden. Heute sind fast 800 republikanische Gefangene inhaftiert, die meisten in britischen Gefängnissen in den sechs besetzten Grafschaften Irlands. Etliche sind in Großbritannien eingesperrt oder befinden sich im Gewahrsam der Dubliner Regierung in Portlaoise und anderen Gefängnissen. Einige sitzen in Haftanstalten anderer europäischer Länder oder der USA. Jeder aus der nationalistischen Gemeinschaft im Norden Irlands kennt jemanden, der im Gefängnis ist oder war. Keiner von uns ist davor sicher.

Ich wurde zum erstenmal im März 1972 interniert, auf der »Maidstone«, einem britischen Gefängnisschiff im Belfast Lough. Es handelte sich um eine stinkende, enge, ungesunde, scheußliche schwimmende Sardinenbüchse. Die Verhältnisse dort waren grausam. Wir hatten das Vergnügen, die britische Regierung zur Schließung zu bewegen. Ein ausführlich publizierter Hungerstreik, organisiert zu einem günstigen Zeitpunkt, nämlich als die Regierung ihr altes Parlament im Stormont ablöste und durch einen englischen Kabinettsminister ersetzte, sorgte für das Ende der »Maidstone«. Wir wurden auf dem Luftweg nach Long Kesh transportiert. Einige Monate später wurde ich aus Long Kesh entlassen, aber dreizehn Monate später brachte man mich erneut über die Luftbrücke dorthin, dieses Mal grün und blau, da ich in der Kaserne der britischen Armee in der Springfield Road als Punchingball benutzt worden war und einige Tage in der Verhörzentrale Castlereagh verbracht hatte.

Long Kesh war größer geworden: Jetzt gab es über zwanzig umzäunte Lager, in denen sowohl Internierte als auch loyalistische und republikanische verurteilte Gefangene eingesperrt waren. Im Internierungsbereich brachte ich es zum Ausbrecher mit der geringsten Erfolgsquote von Long Kesh, aber mein Beitrag zu den erfolgreichen Ausbrüchen vieler meiner Kameraden tröstete mich. Ich wurde nur zweimal geschnappt.

Im Oktober 1974 brachten wir unsere tiefempfundene Wertschätzung der Tatsache, daß wir ohne Prozeß interniert waren, dadurch zum Ausdruck, daß wir zusammen mit den verurteilten Häftlingen das Lager niederbrannten. Kaum war es wieder aufgebaut, holten mich meine beiden Fluchtversuche wieder ein. Ich erhielt zwei Freiheitsstrafen, eine von achtzehn Monaten und eine von drei Jahren, die beide voll zu verbüßen waren. Eine Zeitlang war ich Internierter, verurteilter Gefangener und Untersuchungshäftling, und zwar alles gleichzeitig. Man verlegte mich zusammen mit anderen gescheiterten Ausbrechern in den Strafgefangenenbereich. Von einem Lager in das nächste – in Lager Elf.

Heute sind in diesen umzäunten Lagern keine politischen Gefangenen mehr inhaftiert, sie werden in den berüchtigten H-Blocks von Long Kesh und anderen Gefängnissen eingekerkert. Lager Elf existiert heute nur noch in den Köpfen derer, die einst in seinen Nissenhütten zusammengepfercht waren, und das trägt unter anderem zu unserer Überzeugung bei, daß die H-Blocks wie auch das britische Regime, das für eine massenhafte Verbreitung dieser Blocks gesorgt hat, eines Tages auch nur noch eine Erinnerung sein werden.

Der Großteil dieses Buches besteht aus Artikeln, die aus den Lagern herausgeschmuggelt wurden und von August 1975 bis Februar 1977 unter dem Pseudonym »Brownie« in den *Republican News*, der republikanischen Zeitung Belfasts, aus der inzwischen die *An Phoblacht/Republican News* wurde, veröffentlicht wurden. Ich gehörte zu der kleinen Gruppe von Kriegsgefangenen in Long Kesh, die Beiträge zu der wöchentlichen Kolumne lieferten. Die Artikel, manchmal in einem nicht gerade flüssigen Stil verfaßt, beschäftigten sich mit einer ganzen Litanei von Themen, beschrieben aus unserer Sicht, so wie wir die Dinge in unserem von Stacheldraht umsäumten Elfenbeinturm sahen.

Viele der damals von mir verfaßten Artikel, und damit viele Kapitel in diesem Buch, haben einen heiteren Hintergrund, deshalb könnten der Leser und die Leserin den Eindruck gewinnen, Long Kesh sei ein angenehmer Aufenthaltsort, der zum Glücklichsein und Frohsinn einlädt. Das war er damals nicht und ist es heute nicht. Aber die Kriegsgefangenen waren glückliche, fröhliche, angenehme Menschen, die das Beste aus ihrer mißlichen Lage machten. Wir wollten raus, aber wir zogen die Sache durch, so gut es irgend ging. Wir nahmen uns gegenseitig auf den

Arm, manchmal machten wir uns gegenseitig fertig, aber meist genossen wir die Gesellschaft und Kameradschaft der anderen. Die den Artikeln zugrunde liegende Heiterkeit würdigt diesen erfreulichen Aspekt.

Es handelt sich auch um eine Würdigung der in Long Kesh verstorbenen Kriegsgefangenen. Fünf Männer starben während meiner Haftzeit. Ein anderer starb kurz vor meiner Einlieferung, Henry Heaney verschied nach meiner Entlassung. Henry, Rentner aus Altersgründen, war von einer Justiz, die bereits den Gedanken an eine Tat als strafbare Handlung betrachtet, zu fünfzehn Jahren verurteilt worden. Ich werde mich immer an Henry erinnern, wie er an jedem Sonntagmorgen vor der Messe in seinem besten Anzug in Lager Zwölf seine Runde drehte. Henry war ein großer kleiner Mann und ein guter Republikaner. Drei Jahre nach seinem Tod starben zehn weitere gute Republikaner in den H-Blocks von Long Kesh. Sie starben nach einem beispiellosen, fünf Jahre andauernden Gefangenenprotest von über 500 nur in Decken gehüllten Männern bei den heroischen Hungerstreiks von 1981, denen sich auch Frauen in Armagh anschlossen.

Die Hauptpersonen dieses Buches sind frei erfunden, aber ihre Darstellung und ihre Erlebnisse repräsentieren das Leben in Long Kesh, wie ich es empfunden habe. Zu den Menschen, mit denen ich die Ehre hatte, Lager Elf zu teilen, zählen Bobby Sands, später Unterhausabgeordneter von Fermanagh/South Tyrone und Führer des Hungerstreiks von 1981; Danny »Dosser« Lennon, getötet im aktiven Dienst der IRA; Kevin »Dee« Delaney, gefallen bei einer Sonderaktion der IRA; und Tommy »Todler« Tolan, getötet vom für die Mittelbeschaffung zuständigen Flügel der Splittergruppe der »Republican Clubs« (heute »Workers Party«). Da war Hugh Feeney, der, wie auch Gerry Kelly und Dolours und Marion Price, in einem Gefängnis in Großbritannien 205 Tage lang Zwangsernährung erdulden mußte, bevor die britische Regierung ihrer Forderung nach Rückführung in Gefängnisse in Irland nachgab. Da waren Brendan »The Dark« Hughes und Brendan »Bik« McFarlane, später Führer der Decken-Proteste und Hungerstreiks in den H-Blocks; Bik spielte später ferner eine entscheidende

Rolle beim Großen Ausbruch vom September 1983, dem größten Massenausbruch von Gefangenen in Europa seit dem Zweiten Weltkrieg, bei dem achtunddreißig Kriegsgefangene aus H7 in den H-Blocks entflohen.

Das waren nur einige der Insassen von Lager Elf. Die anderen Männer waren nicht weniger bemerkenswert; nicht so bekannt, aber jeder auf seine Art einzigartig. Wir saßen unsere Zeit zusammen ab, und ich möchte hier versuchen, die Atmosphäre dieser seltsamen und dennoch vertrauten Welt, die wir miteinander teilten, zu schildern, ohne auf den Großteil der besch... und düsteren Seiten einzugehen. Leider sind einige der Männer, die damals inhaftiert waren, heute immer noch im Gefängnis. Manche, wie Alec und Hugh, wurden erst kürzlich entlassen. Während ich diese Zeilen schreibe, ist einer meiner Helden, Terence »Cleaky« Clarke, wieder nach Long Kesh gebracht worden, eines der vielen Opfer und Sündenböcke eines britischen Massenprozesses. Er wurde Monate nach der Tötung zweier britischer Soldaten festgenommen, die auf der Andersonstown Road in den Trauerzug von Caoimhín Mac Brádaigh gefahren waren. Cleakys einziges Vergehen bestand darin, für den ordnungsgemäßen Ablauf von Caoimhíns Beerdigung gesorgt zu haben. Auch Big Sid kam einer anderen Anklage wegen wieder zurück nach Long Kesh. Ich hoffe, sie alle sowie die vielen irischen Kriegsgefangenen in den Gefängnissen überall und die Frauen im Maghaberry-Gefängnis und in Gefängnissen in Großbritannien erkennen sich und etliche ihrer eigenen Erfahrungen im Gefängnis in den Eskapaden der Männer von Lager Elf wieder. Ferner hoffe ich, daß die meisten meiner Leser und Leserinnen nur durch dieses Buch in enge Berührung mit einem Gefangenenlager oder mit irgendeinem Gefängnis kommen und nicht am eigenen Leib erfahren müssen, wie es dort in Wahrheit zugeht.

Gerry Adams
Belfast

# Lager Elf

Im Moment sitze ich, die Knie bis zum Kinn angezogen und zugedeckt mit dünnen, grauen Decken der britischen Armee, auf pieksenden Brotkrümeln im Bett und halte einen blauen Plastikbecher mit blauem Plastiktee in der Hand. Der Blödmann im Bett nebenan absolviert getreu seinen republikanischen Moment. »McSwiney brachte uns bei, wie man stirbt«, sagt er zu seinem Spind. Dabei hat er erst seit zwei Wochen keinen Besuch mehr gehabt. Die Besuche werden hier regelmäßig gestrichen. Ich glaube, wir haben nur Anspruch auf einen Besuch im Monat; die drei anderen sind »Privilegien«, die uns der Gefängnisdirektor je nach Lust und Laune vorenthält. Ungefähr nach der ersten Woche ohne Besuch verziehen sich die Männer ins Bett. Es ist kein schöner Anblick. Your Man hat sich bereits bettfein gemacht in seinem hübsch zerknitterten rosa Schlafanzug, den Rosenkranz in der Hand. Und dabei ist es erst sieben Uhr.

In Zeiten wie diesen erscheinen die Baracken wie eine surrealistische Vorhölle. Es sind richtige Nissenhütten, aus Wellblech, ungestrichen. Sie sind undicht, zugig und kalt. Jeden Abend werden sie um neun Uhr abgeschlossen und jeden Morgen um sieben Uhr dreißig aufgeschlossen. Wir sind natürlich drin: wir und unsere aufgereihten Etagenbetten, unsere Spinde, unser Elektrotopf, ein Kessel, ein paar Tische, ein Fernseher und ein Radio.

Gerade hat einer beschlossen, den Boden zu wischen. Die Gänge sind lang hier drin, und dreißig Männer liegen, sitzen, hocken und lümmeln überall herum oder platschen durch die Nässe. Heutzutage kommen nämlich dreißig auf eine Baracke; es ist schlimm. In einem Lager stehen vier oder fünf Baracken, je nach Größe des Lagers; zweieinhalb oder dreieinhalb zum Wohnen; eine leere Baracke, die so was Ähnliches wie eine Kantine sein soll, und die noch übrige Barackenhälfte dient der »Erholung«, darin sind ein Waschraum und ein »Arbeits«-Raum untergebracht. Ringsum eine Umzäunung mit Stacheldraht, dazwischen etliche Wachtürme, und dann wir.

Oh, und die Trockenbaracke. Die darf ich nicht vergessen. In der Trockenbaracke hängen wir unsere nassen Kleider auf. Wenn wir sie nicht am Draht aufhängen. Die Trockenbaracke ist auch der einzige Ort hier, wo man für sich sein kann. Wenn kein anderer drin ist, heißt das natürlich.

Sämtliche Türen und Tore gehen nach innen auf. Vermutlich tun sie das draußen auch, aber hier drin merkt man es mehr – beim »Knastschieben«. Und jeder schiebt der Uhrzeigerrichtung entgegen. Ich weiß nicht, warum. Die Internierten tun es, die Loyalisten tun es auch. »Drehst du eine Runde?« oder »Hast du Lust auf 'ne Schleife?« oder »Ar mhaith leat dul ag siúl?« und ab geht es, immer im Kreis herum. Und immer der Uhrzeigerrichtung entgegen. Vielleicht ist da irgendein Instinkt am Werk. Das ist das Merkwürdige an diesem Ort: Eine ganz simple Sache wird zu einer Sache auf Leben und Tod. Ich vermute, daß es immer so gewesen ist. Wer andersherum geht, dem reißt man den Arsch auf.

Das Gefängnis ist widernatürlich. Sogar die Männer in dieser Baracke stehen unter Strom. Man stelle sich dreißig Männer unterschiedlichen Alters vor, der älteste dreiundsechzig, der jüngste achtzehn, alle Jahre um Jahre zusammengesperrt. Keine Ahnung, wie sie es schaffen, in so guter Verfassung zu bleiben. Ein sachkundiger Kamerad teilte mir vor Jahren mit, wenn er einen Stall für seine Schweine bauen würde, könnte er in einer Hütte wie dieser hier kaum mehr als zwanzig Schweine halten.

»Mal ganz abgesehen von der Größe«, erklärte er mir, »ist die Isolierung zu schlecht; die Wände müssen atmen, sie müssen entweder aus Hohlbausteinen oder Ziegeln sein.« Regt er sich heute über etwas oder über jemanden auf, murmelt er vor sich hin: »Diese Hütte taugt nicht mal für Schweine«, aber das ist wohl eine andere Geschichte.

Der Boden ist jetzt sauber, und einige der Jungs warten auf die Spätnachrichten. Manchmal verpassen wir sie, dann gibt es ein Riesengeschrei. Für uns, die wir auf der einsamen Insel Long Kesh ausgesetzt worden sind, ist das Fernsehen das elektronische Fenster zur Welt. Die Nachrichtenprogramme sind von allergrößter Bedeutung. Und

*Top of the Pops*; diese Sendung hat gleichbleibend viele Zuschauer, während es bei den Nachrichtensendungen mal mehr, mal weniger sind, je nachdem, was draußen vor sich geht. Nachrichten erreichen uns auch aus anderen Quellen. Es gibt Besuche, und es gibt Gerüchte. Man glaubt es nicht, welche Gerüchte hier kursieren. »Scéal« ist das treffende Wort, eine sehr verallgemeinernde Interpretation von »Nachrichten«. *Scéal* schließt sowohl echte Nachrichten als auch Klatsch, Verleumdungen, bloßes Geschwätz, Gerüchte, Mutmaßungen und Prophezeiungen ein.

Reichlich *scéal* produzieren meine Freunde Egbert, Cedric und Your Man. Inzwischen machen sie es fast instinktiv. Das Interessante daran ist: Sobald das Gerede die Runde macht, gerät die Quelle im Verlauf des häufigen Erzählens und Wiedererzählens und mittels eifrigen Selektierens und Analysierens völlig in Vergessenheit. Was mit einer offensichtlich harmlosen, beiläufigen Bemerkung von einem der obenerwähnten Freunde beginnt, wird bald als eine BBC-Kurzmeldung ausgegeben oder einer absolut zuverlässigen Quelle aus dem IRA Army Council oder einem ranghohen Beamten des britischen Nordirlandministeriums zugeschrieben. Und natürlich schmückt jeder alles ein kleines bißchen aus; genaugenommen ist das unser hauptsächlicher Zeitvertreib. Meist produzieren wir unsere eigenen Nachrichten im eigenen Lager. Manchmal schreien wir sie in die anderen Lager hinüber, oder wir sprechen am Zaun mit den Leuten aus den anderen Lagern, wenn wir aus unserem raus sind, weil wir Besuch bekommen, Fußball spielen oder aus anderen Gründen Ausflüge machen. Wir werfen einander auch »Tauben« zu. Als Taube bezeichnen wir eine gut verschnürte Tabaksdose, in der ein *scéal* und ein paar Kieselsteine zum Beschweren liegen. Wir schleudern unsere Tauben von Lager zu Lager und verfügen somit über eine fortlaufende Kommunikationskette, die die Wärter nicht unterbrechen können. Vorausgesetzt, man ist ein guter Werfer, versteht sich.

Der Gefängnisfraß ist scheußlich. Er kommt aus den »Küchen« in großen Containern auf einem Lastwagen. An den Lagertoren werden die Container vom Laster auf einen Servierwagen umgeladen; von dort rollen die für die »Abfütterung« zuständigen POWs (POW = Prisoner of War; Kriegsgefangener) den Wagen über den Hof und stellen die Container auf eine »Heizplatte« in der leeren Kantinenbaracke. Ist das Essen besonders grauenhaft, lehnt unser für das gesamte Lager zuständiger Stab oder der jeweilige Stab der einzelnen Lager die Annahme ab. Ist das nicht der Fall, teilen die »Abfütterer« jedem, der den Mut und die Konstitution besitzt, um das Zeug essen und verarbeiten zu können, oder einen Oliver-Twist-Appetit hat, seine Ration zu.

In den Internierungslagern aßen wir den Gefängnisfraß fast nie, denn dort war es uns gestattet, eine anständige Auswahl an fertig zubereiteten Mahlzeiten in Empfang zu nehmen, die uns Familienmitglieder oder Freunde von draußen reinschickten. Hier, bei den verurteilten Häftlingen, unterliegen die Essenspakete weit größeren Einschränkungen. Außerdem dürfen wir sie viel seltener erhalten, deshalb müssen wir leider diesen Gefängnisfraß essen. Wenigstens von Zeit zu Zeit. Das heißt, abgesehen von Seanna, der ihn immer verschlingt. Manchmal finden wir geeignetere Verwendung für gewisse sogenannte Lebensmittel. So erwiesen sich sogar einmal die Kuchen, die selbst mit einem Schlag Eiercreme obendrauf noch eisenhart sind, als recht nützlich. Als sich hier die Britische Armee einmal zusammenrottete, gelang es uns, sie lange genug aus unserem Lager draußenzuhalten, indem wir einen Tortenhagel auf ihre schlecht formierten Reihen losließen.

Für gewöhnlich essen wir in Clicken – es kostete mich Jahre, bis ich es geschafft hatte, auch dem letzten klarzumachen, daß Clicke richtig Clique geschrieben wird. Ein paar unserer sich ideologisch korrekter ausdrückenden Genossen nennen diesen Zusammenschluß Co-ops, und einige Freigeister benutzten eine Zeitlang sogar den Begriff Kommune, aber im Grunde trifft es Clicke tatsächlich am besten. Die Mitglieder einer Essensclicke teilen sich ihre Essenspakete, im allgemeinen nach einem festgelegten Turnus. Ähnlich sind auch die Pflichten verteilt, das Kochen, das Abwaschen des Plastikgeschirrs, das Teemachen und so weiter. Immer wieder steigt einer aus einer Essensclicke aus oder wird rausgeworfen. Gelegentlich entscheidet sich einer auch für einen Alleingang – hier bekannt als Gründung einer von »zweiunddreißig Grafschaften unabhängigen Clicke« –, obwohl er mit niemandem zerstritten ist; doch gemeinschaftliches Essen überwiegt bei weitem.

Kochen heißt für gewöhnlich Wiederaufwärmen auf der Kochplatte oder auf einer der Spiralen der Deckenheizung aus der Duschbaracke, die entfernt und ihrem neuen Zweck entsprechend umfunktioniert wurde. Manchmal wird aber auch auf einem kleinen Feuer draußen in einer Ecke des Lagers gekocht.

Wir trinken Unmengen Tee hier. Die Intelligenz in Lager Elf trinkt allerdings Kaffee. Das Wasser für beide Getränke wird in einem Gemeinschaftselektrotopf heiß gemacht, über den jede Baracke verfügt. »Am Topf sein« heißt, *Gunga Dinn*, Wasserträger für einen Tag zu sein. Als ich einmal in Einzelhaft war, gelang es mir, aus einem gebrauchten Teebeutel Tee zuzubereiten. Das Wasser erhitzte ich, indem ich eine mit Wasser gefüllte braune Papiertüte zwischen die Rohrleitungen klemmte. Das ganze dauerte achtzehn Stunden, und auch dann war das Wasser bloß lauwarm, aber es war immerhin Tee. Glaube ich. Ohne Milch. Ohne Zucker.

Wenn wir nicht gerade das Essen loben oder *scéal* produzieren, *scéal* empfangen, über *scéal* diskutieren und *scéal* weitergeben, lesen wir ein bißchen, ärgern einander ein wenig, sprechen eine Menge miteinander und widmen uns ein wenig der Aufwiegelung. Dabei geht es vorwiegend um ein besseres Verständnis der politischen Situation, die dazu geführt hat, daß wir uns hier in Long Kesh befinden. Das ist gelegentlich aufschlußreich, manchmal amüsant, in jedem Fall aber die zeitraubendste Beschäftigung der meisten geistig normalen POWs gleich nach dem *scéal*. Die weniger zurechnungsfähigen POWs beschäftigen sich mit handwerklichen Dingen, aber dem gehe ich aus dem Weg, so daß ich dazu eigentlich gar nichts sagen kann. Ein Handwerker, der etwas daneben war, erzählte mir einmal, das Anfertigen von Harfen, keltischen Kreuzen, Brieftaschen, Handtaschen und sogar von Stoffspielzeug sei eine Art Sucht. Das Bemalen von Taschentüchern mit bunten Markierstiften hingegen, so behauptete er, sei weit weniger bedenklich – bloß eine Phase, die alle POWs durchlaufen.

Wir machen auch Zeiten der Depression durch – das große D. Draußen zerbrechen Ehen, sterben Eltern, erkranken Kinder; sämtliche Sorgen des Alltags dringen zu uns in unsere ohnmächtige Abnormalität herein. Einige Kameraden bekommen Nervenzusammenbrüche. Manche sind schwer fertig. Hier drin sterben Kameraden aufgrund der mangelnden medizinischen Versorgung, in einem Fall auch an einer britischen Kugel, und draußen sterben die Menschen, solange der Krieg weitergeht. Das alles zeigt auch Auswirkungen an diesem Scheißort. Eines haben alle POWs gemeinsam: Wir alle hassen Long Kesh. Aber wir versuchen, uns von den hier herrschenden Zuständen nicht fertigmachen zu lassen.

Manche POWs singen oder spielen Musikinstrumente. Und das ist mit ein Grund, warum die anderen Ausbruchsversuche unternehmen. Potentielle Ausbrecher versetzen die Gefängnisverwaltung in Angst und Schrecken, und die Gefängnisverwaltung mag es nicht, wenn sie in Angst und Schrecken versetzt wird. Um dem Gefängnisregime ein wenig die Angst zu nehmen, müssen wir folglich britische Razzien über uns ergehen lassen, so zum Beispiel einmal den kommandoartigen Einfall eines britischen Colonels Blimp in unsere Baracken zu einer unchristlichen Zeit am frühen Morgen und völlig ohne Vorankündigung. Er befahl uns: »Hände auf die Decken, Blick zur Decke, auf Kommando anziehen, Messer, Gabeln und Löffel nehmen und ab in die Kantine.« Nur um zu zeigen, daß es ihm ernst ist, kam er in Begleitung von ein paar Regimentern Kampftruppen. Warum wir Messer, Gabeln und Löffel mitnehmen sollten, werde ich wohl nie erfahren. Wir haben bei dieser Übung nichts zu essen bekommen. Manchmal sagen sie auch, wir dürften unsere »Reichtümer« mitnehmen; auch was das heißen soll, war ich nie imstande zu begreifen. Manchmal befehlen sie uns, wir sollen uns mit gespreizten Armen und Beinen an den Zaun stellen, und manchmal schlagen sie uns. Ständig müssen sie hier drin für Unruhe und Unordnung sorgen.

Aus alldem sieht man, wie außerordentlich ernst die Gefängnisverwaltung ihre Angst nimmt, und das ist mehr, als man von uns anderen sagen kann. Sie haben versucht, uns Gefangenennummern zu geben, uns unsere Namen zu nehmen und uns »Gefangener 747611« oder »Gefangener 726932« zu rufen. Aber wir weigerten uns, diese Nummern zu gebrauchen, und inzwischen haben es auch die Wärter aufgegeben, sie zu benutzen. Schließlich sind wir nur hier aufgrund von Pech, von Dummheit, von Justizirrtümern oder, weil wir zur falschen Zeit am falschen Ort gewesen sind. Und natürlich, weil unsere Eltern uns in dem Teil oder in der Nähe des Teils vom nordöstlichen Irland in die Welt gesetzt haben, der sich unter britischer Besatzung befindet, und zwar zu einer Zeit, zu der wir garantiert dann das haftfähige Alter erreichen sollten, als einige Bürger dieses Staates beschließen, daß sie genug davon haben. Und als wir dann hier in Long Kesh waren, wurden wir ganz groß und stark wie Topsy.

Manchmal machen wir uns selbst das Leben schwer. Your Man drückt das in seiner gespreizten Art so aus: »Stehen die Männer hinter dem Stacheldraht hinter den Männern hinter dem Stacheldraht?« Aber meistens sparen wir uns unseren Groll für die Gefängnisverwaltung auf. Wir bringen Verwirrung in die Zählappelle, fertigen Hurlingstöcke aus Gefängnisholz, protestieren andauernd, haben unsere eigene Organisation, lesen Bücher, die sie nicht verstehen, ignorieren ihre Anweisungen, versuchen zu fliehen, brechen erfolgreich aus. Alles in allem machen wir also, was wir wollen. In Lager Elf genießen wir politischen Status. Aber wahrscheinlich würde sich nicht viel an unserem Verhalten ändern, wenn wir keinen politischen Status hätten. Vermutlich würden wir uns schlechter benehmen, aber im Augenblick koexistieren wir in dieser merkwürdigen, von Stacheldraht umzäunten Welt und machen unsere einzigartigen Erfahrungen mit der politischen Apartheid, wie sie es nur in der einzigartigen, kleinen britischen Kolonie in der rechten oberen Ecke von Irland geben kann.

Your Man behauptet, am 24. April nächsten Jahres kämen wir alle raus. Ich weiß nicht, wie die anderen darüber denken, aber ich glaube kein Wort davon. Woher sollte er das wissen? Er ist ein bißchen ein Schwätzer. Vielleicht hat ihm sein Bruder was gesagt. Der beste Freund seines Bruders hat in eine Familie eingeheiratet, die einen Sohn hat, der mit einer Frau verlobt ist, deren Vater für einen Mann arbeitet, der ganz dicke ist mit einem alten Knaben, der Beamter im britischen Innenministerium in London ist. Und der müsse es doch wissen, oder?

24. April. Wollen mal sehen. Ein Montag. Schon komisch, daß es ein Montag ist. Your Man ist nicht aufgeweckt genug, um das eigenhändig herauszufinden. Montag ist ein guter Tag für eine Freilassung. Also, wenn es ein Sonntag wäre, dann könnte man getrost davon ausgehen, daß Your Man gelogen hat. Aber unter diesen Umständen sieht die Sache etwas anders aus, oder? Ich frage mich, ob Egbert oder Cedric etwas darüber wissen. Egbert kennt Your Mans Bruder recht gut. Ich glaube, ich sollte mal zu ihm gehen und ihn aushorchen.

»Ah, Egbert. Gut, daß ich dich treffe. Hast du was von dem Brief vom britischen Innenministerium gehört? Über Freilassungen im April? Ja? Tatsächlich? Was meinst du damit, daß eine Kopie an der Wand im Büro des Direktors hängt? Los, Egbert, sag schon. Versorg uns mit ein bißchen *scéal.*«

Nur noch eine Stunde, vier Minuten und eintausendsechshundertvierundzwanzig Tage runterzureißen.

# Frühaufsteher

»Wenigstens sitze ich nicht wegen Diebstahls«, sagte Your Man.

»Jedenfalls diesmal nicht«, antwortete ich und beachtete ihn nicht mehr, während er weiterplapperte. Seit einer Weile läuft es nicht besonders gut mit uns. Er und seine Frühaufsteherei!

Es gibt zwei große Gruppen hier. Ich meine damit nicht Linksaußen oder Rechtsaußen, keine Falken oder Tauben, keine unterschiedlichen Ansichten über dieses oder jenes. Die Sache ist vielmehr ganz einfach und glasklar. Da sind wir, und da sind die Frühaufsteher. Für jemanden, der nicht hier gewesen ist, mag das kein Thema sein, in Wahrheit handelt es sich dabei aber um ein recht komplexes Problem. Um gleich mit dem Wichtigsten anzufangen: Warum sollte irgend jemand an einem Ort wie Long Kesh morgens um halb acht aufstehen?

Warum, um alles in der Welt? Kein Mensch weiß es! Kein Mensch, außer den Frühaufstehern selbst. Und fragt man einen von ihnen, grinst er bloß, gähnt und sagt:

»Ach, es ist so ein schöner Morgen« oder

»Ich bin's eben gewohnt, früh aufzustehen« oder gar

»Ich will ein bißchen trainieren.«

Das scheint doch ziemlich abwegig, oder etwa nicht? Und wie sie dabei vorgehen! Generalstabsmäßig. Alles wird am Abend zuvor genau festgelegt und abgesprochen. Jimmy weckt Jackie, der schüttelt Alfie, der rüttelt Cecil, der stößt Alphonsus an, und ab geht's. Halbnackt schleichen sie hinaus in die Morgendämmerung. Baracke für Baracke, Lager für Lager treten sie an. In den Waschräumen, bei den Elektrotöpfen für den Tee und unter den Duschen. Wird irgendein anderer von einem ehrgeizigen oder autoritären Lager-Chef aus dem Bett gezerrt, sitzen die Frühaufsteher nur da, zeigen ihr überlegenes Lächeln und versuchen, unschuldig auszusehen, ganz so, als könnten sie kein Wässerchen trüben.

»Guten Morgen ... Maidin mhaith ... Hast du's endlich geschafft?« Schmunzeln, Lächeln und dämliches Grinsen sollen über die Hinterhältigkeit hinwegtäuschen, aber bei jedem »Morgen, John« oder »Dia dhuit Seamus« schwingt unüberhörbar ein »Du Penner« mit.

In einem bestimmten Stadium hatte sich die Lage derart zugespitzt, daß der OC unseres Lagers befürchtete, für die frühen Morgenstunden sei ein Staatsstreich geplant, deshalb schaltete er seinen IO ein. An dieser Stelle sollte ich wohl kurz erläutern, daß es sich bei dem IO um den Intelligence Officer handelt. OC ist die Abkürzung für Officer-in-Charge, also den befehlshabenden Offizier. Sehr formell und militaristisch, aber so ist das eben im Gefangenenlager. Wir wählen einen OC, und der wiederum wählt seinen Stab, und diesem gehören ein Adjutant, ein Nachrichtenoffizier (der IO), ein Quartiermeister und weitere Dienstgrade an. Aber ich schweife ab. Zurück zu den Frühaufstehern. Wie schon gesagt, es wurde also der IO eingeschaltet, um die des Aufstands Verdächtigen herauszufinden. Der IO fand aber gar nichts heraus, da er (von da an nur noch »Matratzenhorcher« genannt) in horizontaler Lage die Augen offenhielt, und das ist, das wissen alle gebildeten Umstürzler, wahrhaftig nicht die rechte Ausübung von Geheimdienstarbeit – es sei denn, für Mata Hari, aber das ist Matratzenhorcher eben nicht, leider.

Wie auch immer, die Frühaufsteher stehen nicht nur früh auf, sie gehen auch früh zu Bett. Und wir anderen? Tja, wir sehen gerne fern oder hören Platten, singen und schreien herum und machen uns ganz einfach müde, bevor wir in die Falle gehen. Und das ist nur vernünftig; es bringt einfach nichts, ins Bett zu gehen, solange man nicht müde ist – diese Logik erschließt sich jedem. Jedem, mit Ausnahme der Frühaufsteher. Sie glauben, wir tun das absichtlich, nur um sie wachzuhalten. Doch trotz all ihrer Klagen bringen sie es am nächsten Morgen wieder fertig, früh rauszukommen. Und das nehme ich als Beweis für meine Behauptung: Was auch immer dahintersteckt, ihre Aufsteherei muß einen sehr triftigen Grund haben. Jetzt bin ich wieder da, wo ich angefangen habe – bei Your Man. Inzwischen ist er weg und hat sich den Frühaufstehern angeschlossen!

Ich kam erst eine Woche später dahinter. Es war wieder so ein schöner Morgen, gerade recht, um liegenzubleiben, aber der Wärter hatte große Schwierigkeiten beim Aufschließen der Tür und weckte mit seinen geräuschvollen Verrichtungen alle auf. Sie schließen uns nämlich am Abend ein; man könnte fast denken aus einem gewissen Vorsatz heraus. Und weil sie uns eben am Abend einschließen, müssen sie am Morgen wieder aufschließen – um halb acht. Wenn jeder Mensch, der noch einen Funken Verstand besitzt, warm zugedeckt und behaglich im Bett liegt. An dem Morgen, von dem ich gerade spreche, weckte mich das Klirren der Schlüssel, und kurz bevor ich wieder in die halbe Bewußtlosigkeit zurücksank, glaubte ich, Your Man aus der Baracke schleichen zu sehen. Haha, dachte ich, die Natur ruft früh ...

Als ich zu einer sehr viel menschlicheren Zeit aus dem Bett geholt wurde, sah ich zu meinem Erstaunen, daß Your Man immer noch auf den Beinen war und sich nicht anders benahm als die anderen.

»Ich habe angefangen, Irisch zu lernen«, erklärte er. »Und ich lerne früh am Morgen, wenn es noch ruhig ist.«

Er muß mich für einen Vollidioten halten. Behauptet, er lerne Irisch. Er, der »Cad é mar atá tú« nicht von »Bórd na Móna« unterscheiden kann. Es ist nicht so, daß ich irgendwas gegen Irisch habe; ich lerne es selbst. Nur, das ist sehr schwierig hier drin. Es ist überhaupt schwer, hier drin Zeit für irgend etwas zu erübrigen.

Vielleicht sollte ich heute abend auch mal früh zu Bett gehen. Es ist doch reine Verschwendung, diese schönen Morgen im Bett zu vertrödeln. Nicht, daß Your Man irgend etwas mit meinen diesbezüglichen Absichten zu tun hätte. Im Leben nicht! Er muß eindeutig was vorhaben, aber bitte, wenn er das für sich behalten will, also ich habe wichtigere Dinge, über die ich mir Gedanken machen muß, als das Benehmen von so einem Typen wie ihm. Ich bekomme Besuch, und wenn ich zeitig genug aufstehe, kann ich vorher noch ein bißchen trainieren und schön duschen, bevor die anderen Jungs aufstehen. Ich hoffe nur, ich kann früh einschlafen – manche von den Säcken hier spielen die ganze Nacht den Deppen. Und ich muß einem den Auftrag geben, mich zu wecken. Vielleicht schaffe ich es ja sogar, noch ein bißchen Zeit zum Irischlernen freizumachen. Und vielleicht sagt mir Your Man, woran er gerade arbeitet!

# Gefängniswärter

In dieser Woche humpelte ich zum Arzt. Zum Glück ist es mir gelungen, mir den Knöchel zu einer Zeit zu verstauchen, die sich mit den Sprechzeiten deckt, zu denen das Gefängnisregime den ungefähr tausend hier Inhaftierten einen Arztbesuch erlaubt. Ich war deshalb ganz schön zufrieden mit mir, denn, wenn man sich hier den Knöchel verstaucht (oder sich was anderes in der Art zuzieht), ist in Long Kesh nichts wichtiger als der richtige Zeitpunkt. Das Timing ist alles. Wer dabei nachlässig ist, kann sterben, während er auf den Doktor wartet. Wenn man aber völlig gesund ist, ist es ein schöner *craic*, hier zum Arzt zu gehen. Zumindest kommt man so mal aus dem eigenen Lager raus.

Der erste Haltepunkt ist am Lagertor. Es öffnet sich in einen kleinen Tunnel aus Stacheldraht. Da nehmen einen die Wärter in Empfang. Rein in den Tunnel (das Regime bezeichnet ihn als Luftschleuse) und raus durch das nächste Lagertor. Ein flottes Humpeln bringt uns rasch zu der Gittertür in der Mauer, die unseren Lagerbereich umgibt. An jedem Tor wird jede Bewegung der Gefangenen aufgezeichnet. Das Passieren der Tore wird von den Rufen des Wärters begleitet. »Einer rein« oder »Einer raus«, schreit er, je nachdem, ob man raus- oder reingeht. Der Wärter, der Torwache schiebt, macht sein Zeichen in ein kleines Kontrollbuch, worin er das Verlassen oder Betreten des von seinem Tor überwachten Bereichs festhält. Alles ganz elementar. Drei Tore, alle nur ein paar Yards voneinander entfernt, und zwischen jedem der Tore Wärter. Große Wärter, kleine Wärter, kräftige Wärter, schmächtige Wärter. Wärter jeder Statur und in jeder Ausfertigung: gescheite, saubere Wärter von der Truppe; kaputte, unerfreuliche, schmuddelige Wärter. Für die Sicherheit zuständige Wärter, für Besuche zuständige Wärter, für den Sport zuständige Wärter, freundliche Wärter und ekelhafte Wärter. Wärter erfüllen sämtliche Funktionen, jede ihrer Rollen ist auf die entsprechenden Fähigkeiten abgestimmt. Jede ihrer Rollen ist darauf abgestimmt, unsere Moral zu untergraben.

Jetzt auf der anderen Seite der Mauer und weiter auf der Straße neben den Besucherkabinen. Eine Menge Dreck hier. Bauarbeiter, eskortiert von Wärtern, Wachhäuschen, besetzt von Wärtern; Wärter in Lastwagen, Wärter an den Toren, Wärter all überall – alle programmiert, alle funktionieren. Wenn ich mich fit genug fühle, um zum Arzt zu gehen, leistet mir mein ganz spezieller Wärter Gesellschaft. Es handelt sich um ein bemerkenswertes Exemplar der Menschheit – ein richtiger Heini. Ich halte inne, er hält inne; ich humple schneller, er humpelt schneller; ich bleibe stehen, er bleibt stehen. Ich grinse ihn blöd an, er lächelt schüchtern zurück; ich funkele ihn wütend an, er blickt weg; ich spreche ihn mit »mein guter Mann« an, er grinst dämlich; ich ignoriere ihn, er beobachtet mich unablässig. Ich gehe zum Arzt, er geht zum Arzt.

Ich glaube, er haßt mich. Tief drinnen in seiner blauen Uniform, davon bin ich absolut überzeugt, verbirgt sich echter, brennender Haß auf mich. Ich bin mir natürlich nicht ganz sicher. Zumindest aber verhalten sich die meisten Wärter die meiste Zeit über so, als würden sie die Gefangenen hassen.

Jetzt nur ich und er. Fast schon beim Arzt. Britische Wachtürme in Reichweite, weitere Bauarbeiter, der ganze Platz wimmelt nur so von emsiger Arbeit und Überstunden. Aus der Asche von Long Kesh erhebt sich das Maze-Gefängnis. Nur noch ein Wachhäuschen, nur noch ein Tor. Nur noch an einem Wärter vorbei: Der ist darauf programmiert, Tore zu öffnen und zu schließen und Namen aufzuschreiben. Ein Durchbruch, was Zeit und Ablauf angeht. Normalerweise drillen sie für solch komplizierte Aufgaben zwei Wärter. Einen zum Tore öffnen, den andern zum Namenschreiben. Das sieht mir nach Experiment aus, so ähnlich wie das mit den Einmannbussen im ersten Versuchsstadium.

Jetzt in einem anderen umzäunten Lagerbereich, mein Wärter folgt mir dicht auf den Fersen. Ich bin froh, daß wir beide es geschafft haben. Ich sage ihm das und bitte ihn in meinem majestätischsten Tonfall, mir die Tür zu öffnen. Er hastet vor, fummelt herum, gerät ins Schwitzen, schafft es. Ich beachte ihn nicht. Wir treten ein; ich gehe in ein abgeteiltes »Wartezimmer«, er verzieht sich in eine Ecke.

Sonst ist keiner da. Ich studiere die Graffiti: »P. J. Können wir ein Wiederaufnahmeverfahren einleiten?« »Arthur, 15 Jahre! Sadie, warte auf mich, ich liebe dich« »32 unteilbar durch 6« »Dieser Ort wird hiermit zu Lourdes umbenannt – wenn man hier geheilt wird, ist es ein Wunder« »Bumsen« »Jim O'Toole, 12 Jahre« »Mickey« ... die ganze Wand ist voll davon. Ein interessanter, aber nicht druckreifer Satz auf dem Fensterbrett. Ein anderer über den viel geschmähten alten italienischen Republikaner, Rote Socke persönlich. Zum Kotzen, das alles. Ich setze mich. Mein Wärter wendet wieder den Blick ab. Ein junger Bursche kommt rein: Haare wie ein Skinhead, Tätowierungen ziehen sich über die Fingerknöchel. Ein junger Gefangener. Unter seinem linken Auge hat er eine Schwellung, ein Bluterguß ziert seine Stirn. Er setzt sich, fühlt sich sichtlich unwohl in seiner Haut; ich grinse ihn an, ignoriere die Wärter und biete ihm eine Zigarette an. Er macht zwei Züge, während der Wärter ihm den Rücken zudreht, und reicht mir rasch wieder die Kippe. Der arme Junge steht Todesängste aus. Er hat noch kein Wort gesprochen.

»Willst du ein paar Lullen?" frage ich ihn. Ich laß ihn noch einen Zug nehmen und warte auf seine Antwort, fühle mich als sein Beschützer und verachte die Wärter.

Plötzlich beugt er sich zu mir vor und sagt leise: »Kannst du eine Beschwerde über einen Wärter weiterleiten?«

»Aye, ich kann dafür sorgen, daß unser OC zum Direktor geht.«

»Es geht um ... Er schlägt mich. Er schlägt uns alle.« Seine Worte stürzen in einem hektischen Flüsterschwall auf mich ein. Er zögert, dann: »... ist ein Schwein. Er macht uns andauernd fertig. Er ist der schlimmste Wärter im Trakt.«

Die Wärter an der Tür müssen wissen, was er mir erzählt. Sie müssen wissen, was vorgeht. Aber sie tun so, als wüßten sie's nicht. Sie beachten uns nicht. Der Junge wird mutiger und steckt die Zigaretten, die ich ihm gebe, in die Tasche. Er ist ungefähr fünfzehn oder sechzehn, und, abgesehen vom Bluterguß, sehr bleich. Ich frage ihn nach seinem Namen. Er sagt mir seinen Familiennamen. Er sieht wieder beunruhigt aus, als ich ihn verlasse. Ich höre die Wärter irgendwas sagen. Ich gehe zum Arzt hinein.

Noch mehr Wärter – drei in weißen Kitteln. Saubere Wärter, Sanitäter genannt. Wir untersuchen gemeinsam mein Bein. Ich zucke zusammen, sie zucken zusammen; ich erkläre, wie es passiert ist, sie nicken teilnahmsvoll mit den Köpfen. Der Doktor verordnet irgendwas. Der Wärter mit dem Kugelschreiber nennt mich Mister. Ich frage mich, wie sie wohl den Jungen draußen behandeln werden. Ich überlege, ob ich dem Doktor was von ihm erzählen soll, nur, um meine Frustrationen loszuwerden, nur, um ein wenig herumschreien zu können. Dann sehe ich sie alle an und fühle mich eine Sekunde lang schrecklich verloren. Sie wissen, daß etwas falsch ist: Sie sind auf solche Eventualitäten programmiert. Sie ziehen sich zurück, ich gehe hinaus. Vorbei an dem Jungen. Er tut so, als würde er mich nicht sehen. Vorbei an den Wärtern, die dämlich gucken. Mein ganz persönlicher Wärter latscht hinter mir her, und wir humpeln zusammen zurück. Zurück durch die Tore, über die Straße. Als mein Wärter auf dem schlüpfrigen Dreck ausrutscht, murmle ich: »Idiot«.

Neben dem Gittertor fällt mir ein dickes Kabel auf: Anscheinend stellen sie das Tor auf Automatik um. Ich passiere mehrere Wärter. Wir steuern auf Lager Elf zu, aber ich humple vorbei zum nächsten. Mein Wärter folgt mir, ohne zu murren. Ich spreche mit dem OC von Long Kesh am Zaun, gebe ihm einen kurzen Bericht über die Beschwerde des jungen Gefangenen. Anschließend trennen sich mein Wärter und ich am Tor zu Lager Elf. Ich ignoriere ihn. Er verabschiedet sich von mir. Er gebraucht meinen Vornamen. Ich gehe durch die Tore, hinein in den Tunnel. Durch das letzte Tor und über den Hof. Er marschiert ab in Richtung auf das Tor in der Mauer.

In der Baracke trinke ich meinen Tee. Draußen vor den Baracken patrouillieren unablässig die Wärter. Draußen vor unseren Lagern kauern sie sich zum Schutz vor dem Wind zusammen. Sie klirren mit ihren Schlüsseln an ihren Toren. In den Wachhäuschen machen sie sich klein gegen die Kälte. Keine Ahnung, warum sie sich auf all das einlassen. Ich bin nicht so programmiert wie sie, ich kann darauf keine Antwort geben. Um mich hier reinzubringen, bedurfte es der Britischen Armee, der RUC (Royal Ulster

Constabulary), eines britischen Richters und einiger Männer der Staatssicherheitspolizei. Wärter leisten ihre Haft freiwillig ab.

Nun ja, sie machen das für einen lukrativen Lohn zuzüglich Überstunden. Ich hasse sie nicht wirklich. Ich bin gar nicht so sehr gegen etwas oder jemanden, ich bin nur für ein paar Dinge. Wärter zählen nicht dazu.

Aber niemand hier mag die Wärter. Niemand denkt gerne an Paddy Teer, der im Gefängnis»hospital« gestorben ist. Teddy Campbell starb über Jahre hier drin und wurde in ein vorzeitiges Grab entlassen. Jim Moyna machte seinen letzten qualvollen Atemzug, während er um sein Leben kämpfte – er kämpfte gegen den Stacheldraht, gegen sämtliche Wärter und gegen alle Tore zwischen sich und dem Arzt. Frankie Dodds starb am Tor zum Lager – knapp auf der anderen Seite des Stacheldrahttunnels.

Mein persönlicher Wärter hat gewinselt, als ich ihn einen Idioten nannte. Darauf ist er programmiert. Wenn er mich in Einzelhaft gehabt hätte, hätte ich das nicht sagen dürfen, hätte ich es doch gesagt, dann hätte er nicht gewinselt – nicht, solange er Unterstützung hat. So sind die Wärter programmiert.

Und in Long Kesh sind die Wärter jetzt darauf programmiert worden, uns den politischen Status zu nehmen. Aber sie wissen und wir wissen, daß das keine leichte Sache sein wird. Die H-Blocks werden noch zu ihrem Waterloo. Die, die so sind wie ..., der junge Gefangene zusammenschlägt, begreifen das nicht. Aber sie werden es nie begreifen. Darum sind sie Wärter. Natürlich sind nicht alle so; manche sind recht anständig; aber das sind die wenigsten.

Sie sind jetzt da draußen, vor der Baracke, krümmen sich vor dem Wind zusammen, schlingen die Arme um den Körper zum Schutz vor der Kälte. Sie sind da draußen, draußen vor diesem Fenster beobachten sie alles, klirren sie mit ihren Schlüsseln. Sie sind jetzt da draußen, sie und die britische Armee halten uns hier drin fest. Vorläufig jedenfalls.

# Cratur

Er stammte von irgendwoher in der Nähe der Grenze, und er bekam seinen Namen wegen seiner Angewohnheit, jeden mit »Cratur« anzureden. Von sich aus fing er kaum ein Gespräch an, aber wenn man ihn ansprach, sagte er: »Sin sin, cratur« (Das wär' erledigt, Kreatur) oder zur Abwechslung auch mal: »Okay, cratur.« Er war ein Mann von freundlicher Veranlagung, aber wegen seiner Zurückhaltung hatte er kaum enge Freunde. Alle behandelten ihn mit Respekt, einige mit Vorsicht; manche behandelten ihn gar nicht.

Einmal hatte er angeboten, die Trockenbaracke sauberzumachen. Er gab sich nicht damit zufrieden, nur zu putzen und aufzuräumen, sondern sammelte sämtliche Kleidungsstücke ein, auch noch das letzte, das hier seit Anbeginn der Internierung im August 1971 herumlag, und schaffte das ganze Zeug aus der Baracke. Er legte die Sachen nicht einfach draußen hin, er trug sie zum Zaun und warf sie hinüber. Manche verfingen sich oben in den Spitzen des Stacheldrahts, wo sie farbenfroh in der Brise flatterten, andere türmten sich zu einem großen Haufen im Niemandsland, und alle waren für ihre Besitzer unerreichbar. Der OC unseres Lagers wurde von den POWs mit Klagen über den Verlust ihrer Lieblingshemden, Pullover, Pullovereinsätze und sogar Socken bestürmt, und er verlangte eine Erklärung.

»Warum hast du das gemacht?« knurrte er Cratur an.

»Ach, sin sin, cratur«, kam die Antwort. Agus sin mar a bhí sé. (Und damit war's erledigt.)

Ereignislose Tage vergingen – ereignislos, was bedeutet: keine besonderen Vorkommnisse. Natürlich machte dann und wann die eine oder andere Beschwerde über dies und das die Runde, aber erst mit dem großen Sonntagszeitungs-Skandal wurde die Sache wieder ernst. In der Arbeitsbaracke beriet der Stab unseres Lagers über das weitere Vorgehen.

»Wie ich das sehe«, sagte der überaus kurzsichtige Lageradjutant, »haben wir heute nicht eine einzige Sonntagszeitung bekommen; die Wärter halten sie zurück. Vermutlich sitzen sie jetzt gerade irgendwo herum und lesen sie. OC, ich schlage vor, wir intervenieren mit militärischen Mitteln, OC.« Nun wissen Sie, warum er Adjutant war.

»OC«, schleimte er, »ich schlage vor, wir boykottieren die Besuche.«

»Wir bekommen sonntags keine Besuche«, warf der Nachrichtenoffizier des Lagers ein, denn es gehörte zu seinen Pflichten, solche Informationen zu besitzen. »Außerdem haben mir die Wärter gesagt, die Zeitungen seien heute reingekommen.«

»Und wer, wenn ich fragen darf, hat sie in Empfang genommen?« fragte der Adjutant, der genau wußte, daß er fragen durfte, was er wollte.

»Cratur«, antwortete der Nachrichtenoffizier und ging damit als stolzer Sieger aus dieser verbalen Schlacht hervor.

Kaum hatte er das gesagt, wurde die Sache auch sogleich aufgedeckt – die *Sunday Newses* und *Sunday Worlds*, *Sunday Presses* und *Sunday Independents* ragten deutlich sichtbar unter Craturs Matratze hervor, Beilagen und Zeitschriften lugten schüchtern unter seinem Kissen heraus.

»Was machst du damit?« brüllte der OC.

»Ach, sin sin, cratur«, kam lächelnd die Antwort von ganz oben auf dem Nachrichtenberg. Agus sin mar a bhí sé.

Und dann kamen einmal die Brits rein. Um halb fünf an einem kalten Morgen. »Das ist eine Militärrazzia! Hände auf den Kopf. Blick zur Decke!« bellte der in eine Uniform gehüllte englische Akzent. »Richtet euch aus! Einzeln! Stellt euch an den Zaun! Rührt euch nicht, bevor man es euch sagt!« Und schlaftrunkene britische Verrückte in Uniformen bedrohten, befahlen und beschwatzten mindestens ebenso schlaftrunkene irische Verrückte in Unterhosen, hinaus in die kalte Nacht zu gehen.

»Ich stelle mich nicht an den Zaun«, sagte Cratur zu einem vierundfünfzigjährigen gemeinen Soldaten.

»O doch, du wirst, du irischer ...«

»Nawh, werd' ich nicht«, sagte Cratur. »Ich habe ein schwaches Herz und kippe in der Kälte um.«

»Schafft den Mann an den Zaun!« brüllte eine hohe, dünne Sandhurst-Stimme.

»Jawoll, Sir«, sagte ein Corporal, kurz bevor er unter die hundertfünf Kilo des ohnmächtig werdenden Cratur geriet.

»Okay«, sagte der Sani, »bringt ihn wieder ins Bett.«

Wir waren alle der Reihe nach mit dem Saubermachen der Baracken dran. Bei uns hieß das, am Boden sein.

»Du bist morgen früh am Boden.«

»Jawohl, Cratur«, sagte unser Freund.

»Licht aus, Leute.«

Schlaf senkte sich über die Baracke. Die Betten quietschten, weil sich die Männer in der Nacht unruhig hin und her warfen. Der Wind heulte durch den Draht, die Wärter schoben ihre Söldnerrunden. Alles war wie immer. Plötzlich schepperte ein Putzeimer, und das Geräusch von laufendem Wasser spülte die Stille hinweg. Platsch. Ein paar Liter Wasser stürzten wasserfallartig durch die Baracke. Platsch. Platsch. Und noch mal Platsch.

Der OC der Baracke sprang aus dem Bett und schwamm auf Cratur zu. »Was zum Teufel machst du da, du blöder Idiot!« stieß er hervor.

»Ich wische die Baracke aus, Cratur«, kam die Antwort, und schon wurde der OC von einer durch die Baracke schwappenden Flutwelle überschwemmt. »Ach, sin sin«, sagte Cratur und watete zurück zu seinem Bett.

Monate vergingen, und es wurde nicht besser. Cratur »sin-sinte« und legte die Lagervorschriften auf seine ureigenste Art aus. Nie brach er eine Regel, er hielt sich vielmehr stets buchstabengetreu daran. Der unbedachte Befehl »Schaff die Abfalleimer aus der Baracke« führte dazu, daß die Eimer über Zäune und Tore flogen. »Feg die Baracke aus« endete mit übel zugerichteten Körpern völlig überrumpelter Menschen inmitten von Milchkartons und Bettfedern. Die Militärpolizei der Brits wurde bei einer Razzia mit Weihwasser getränkt, Gefangene wurden bei einer anderen beinahe umgebracht. Und trotzdem mochte jeder Cratur gut leiden. Er war eine Ausnahmeerscheinung, und seine Berühmtheit über das Lager hinaus wurde von seinen Kameraden insgeheim begrüßt.

»Man sollte eigentlich denken, sie würden ihn rauslassen, nicht wahr?« sagten wir zueinander. »Er ist schon völlig in Ordnung, aber sie sollten ihn nicht hierbehalten.« Aber sie taten es. Nicht, daß es Cratur etwas ausgemacht hätte. Er grinste und versetzte die Wärter in Angst und Schrecken.

»Das kannst du nicht machen«, erklärte ihm ein strenggesichtiger, von Pickeln heimgesuchter Direktor.

»Ach, ich kann, Cratur.« Und so geschah es, und er grinste dabei.

»Du bist der Teufel«, verkündete Cratur eines Morgens einem jungen Mann von untadeliger Herkunft. »Du, mit deinem schwarzen Bart und deinem dunklen Gesicht. Du bist der Teufel«, schnaubte er und lief aus der Baracke.

»Was soll ich bloß machen?« jammerte der Angeklagte.

»Ach«, sagte der OC, »das ist schon in Ordnung. Cratur hat noch nie jemandem was getan. Dir passiert schon nichts.«

Aber so ganz stimmte das nicht. Als der arme Kerl in der Nacht aufwachte, entdeckte er eine riesige, massige Gestalt in Priesterkleidung am Fußende seines Bettes. »Hinweg, Satan!« intonierte die Priestertracht mit ländlich-irischem Akzent. »Hinweg! Hinweg!«

»Mommy!« jammerte das verurteilte, hilflose Opfer. »Hilfe! Um Gottes willen, helft mir doch!«

Die Priestertracht stieß einen Seufzer aus. »Sin sin«, seufzte sie und schlüpfte von dannen. Sie ließ ein erschöpftes, exorziertes Kind zurück, das seine besudelten Betttücher wechseln mußte.

Und dann, eines Morgens, ging der *scéal* um, Cratur würde in die Muckamore-Heilanstalt oder in eine andere Nervenklinik gebracht. Allen tat es leid, alle waren traurig, daß er gehen mußte. Kameraden, exorzierte wie verhexte, kamen, um ihm Lebewohl zu sagen.

»Das ist das Beste, klar«, sagten sie zueinander. »Das hier war nichts für ihn. Trotzdem, schon schade, daß er geht.«

»Alles Gute«, riefen sie.

»Ach, sin sin, cratur«, kam die Antwort. Und fort war Cratur.

»Mir ist zum Kotzen«, sagte ein normalerweise hartgesottener Häftling. »Es gefällt mir gar nicht, daß er in ein

Heim muß, es ist schade um den armen Mann. Er würde ganz sicher keiner Menschenseele je was tun.«

Und dieses eine Mal waren sich hartgesottene Gefangene und Wärter ausnahmsweise darin einig, daß das eine unangenehme Sache war, und nachdem sie sich darüber einig gewesen waren, gingen sie wieder getrennte Wege.

Und Cratur ging den seinen. »Sin sin«, sagte er.

Und »Sin sin, cratur«, flüsterte eine schattenhafte Gestalt, als sie später am gleichen Abend lautlos aus der Nervenklinik schlüpfte.

»Ich hätte gern ein Pint Stout und einen Kurzen«, sagte sie einen Tag später, als sie sich auf einem Barhocker in Dundalk niederließ. »Sin sin, cratur«, gluckste sie ins Telefon. »Ich weiß, ich kann den Lagerkommandanten nicht persönlich sprechen. Übermittelt ihm nur eine Nachricht, ja? Sagt ihm, das ist ein Ferngespräch, und sagt ihm nur: ›Sin sin, cratur‹. Er weiß schon, was das heißt.«

Und ein paar Gäste blickten sich angesichts der großen, massigen Gestalt, die an diesem Abend mit einem Bier in der Hand am Tresen stand und »The Men Behind The Wire« sang, lächelnd an. Und sie lächelte zurück und zwinkerte. »Sin sin«, sagte sie grinsend. »Sin sin, cratur.«

Agus sin mar a bhí sé.

# Das Feuer

»Es ist so kalt, wenn wir noch in die Schule gingen, würde man uns nach Hause schicken«, brummte Your Man.

»Allerdings«, sagte Cedric fröstelnd. »Ich bin fast steif gefroren.«

»Ihr beide solltet euch bewegen«, schalt Egbert. Er trug eine Decke wie einen Poncho über seinem Anorak, seine Jeans steckten in kniehohen Fußballstutzen, den Kopf umhüllte einer von Cleakys wollenen Kopfschützern, und die Hände hatte er ebenfalls in Fußballstutzen vergraben. So bekleidet, lag er oben auf seiner Koje.

»Im Winter muß man Winterkleidung anziehen«, bemerkte er treffend.

»Als ich dich das letzte Mal in so einem Aufzug gesehen habe, hattest du gerade das Lager angezündet«, sagte Your Man.

»Das war ich nicht«, protestierte Egbert mit einem Lächeln. »Ich war absolut unschuldig. Ich wanderte die geschäftigen Straßen des Lebens entlang ...«

»Jedenfalls bist du in umgänglicher Stimmung«, unterbrach Cedric. »Das ist mal eine willkommene Abwechslung.«

»Muß ein schöner Besuch gewesen sein.«

»Und ob, und ob. Bei meiner Seel'«, bestätigte Egbert. »Herrlich, diese wundervollen Sachen, die die Liebe meines Lebens unter einem Poncho anstellen kann.«

»Aye, halt den Mund! Aber du bist doch nicht etwa so zu einem Besuch gegangen?« fragte Your Man.

»Aber natürlich. Und es war goldrichtig. Angela hat übrigens das gleiche gesagt wie du.«

»Was denn?«

»Daß ich das letzte Mal nach dem Feuer so angezogen war.«

»Das war doch letztes Jahr etwa um diese Zeit rum«, sinnierte Cedric. »Erinnert ihr euch?«

»Das vergesse ich im Leben nicht«, sagte Your Man bewegt. »Es war am fünfzehnten Oktober. Noch nie im Leben hab' ich so eine Angst gehabt. Es war furchtbar.«

»Ah, dabei warst du bloß ein armer kleiner Internierter. Wir da hinten, bei den Verurteilten, wir haben damals mit keiner Wimper gezuckt«, prahlte Egbert.

»Aufhören, davon ist mir nichts bekannt«, protestierte Cedric.

»Wir waren bereit zum Kampf«, fuhr Egbert fort.

»Aye, Mumm oder Grips«, unterbrach ihn Your Man. »Wenn die Internierten nicht gewesen wären, hättet ihr schlechte Karten gehabt. Wir waren das Gehirn.«

»Also, davon ist mir auch nichts bekannt.« Cedric war unerbittlich in seinem Urteil.

»Was weißt du denn schon?« riefen beide.

»Mindestens soviel wie ihr zwei. Ich habe Tagebuch geführt. Ich hab' es noch. Während des Feuers und der Kämpfe trug ich es ständig bei mir, und als die Brits uns überrannten, habe ich es versteckt. Später habe ich eine Kopie hinausgeschmuggelt, aber wenn ihr das Original lesen wollt, kann ich es holen. Wenn ich will. Ich habe es an einem Ort versteckt, zu dem ich jederzeit Zugang habe.«

»Okay.« Die anderen waren von dem Angebot sehr angetan. »Wäre bestimmt interessant.«

»Gut«, sagte Cedric. »Es dauert nicht lang.«

Ein paar Minuten später kam er mit einem kleinen Päckchen zurück, das in Plastik gehüllt war. Er wickelte das Bündel vorsichtig aus und reichte Egbert eine Handvoll verschmutzter und zerknitterter Seiten.

»Die stinken!« meckerte Egbert. »Ich dachte, du hättest was von einem Tagebuch gesagt!«

»Ich habe es in einer Kloake versteckt. Das ist der Grund, warum ich es noch habe. Es riecht zu arg, man kann es so natürlich nicht rausschicken. Übrigens, das ist ein Tagebuch«, bekräftigte Cedric. »Seht her!«

Er nahm Egbert die Blätter weg und breitete sie auf dem Boden aus. Sein Publikum beugte sich interessiert vor und las aufmerksam:

*Samstag, 12. Oktober*
*Seit fast sechs Wochen sind wir jetzt bis auf einen halben Liter Milch und drei Scheiben Brot am Tag ohne Nahrung. Wir haben die Annahme des Gefängnisessens verweigert,*

*weil es trotz unzähliger Unterredungen unseres Stabes mit dem Gefängnisregime in dieser Sache nach wie vor ungenießbar ist. Dagegen protestierten wir und warfen es über den Stacheldraht. Das Gefängnisregime rächte sich und verbot unsere Essenspakete von draußen. Wir hängten auch Bettzeug an den Draht aus Protest, weil es so selten saubere Laken gibt. Frische Bettwäsche wird nur sehr unregelmäßig ausgegeben, manchmal nur alle sechs Wochen. Die Proteste verlaufen ruhig und gelassen. Alle sind in guter Verfassung. Die größte Aufregung gab es, als wir ein Dutzend Scheiben verschimmeltes Brot im Spind von Harry fanden. Er hätte es einfach ohne Butter nicht runtergebracht, sagte er.*

*Sonntag, 13. Oktober*
*Die Dinge scheinen sich zuzuspitzen. Heute fand eine Versammlung der OCs statt. Vor Monaten überreichten sie dem Gefängnisdirektor eine Liste mit allen Punkten, die beanstandet werden. Dazu zählten Essen, Wäsche, die Lebensbedingungen allgemein, Ausbildungs- und Weiterbildungsmöglichkeiten (vielmehr die fehlenden) und die Behandlung der Untersuchungsgefangenen. Als sich die Gefängnisverwaltung weigerte, in auch nur einem dieser Punkte etwas zu unternehmen, begannen die Proteste. Heute sagt der* scéal, *daß sich am Besuchsbereich ein größeres Aufgebot an britischen Truppen zusammenzieht. Darum vermute ich, daß sich die Lage zuspitzt. Vor einiger Zeit, nach besonders gemeinen Prügeln während einer Razzia der Brits, kündigte unser Stab der Gefängnisleitung an, daß wir das Lager niederbrennen werden, wenn die britische Armee in die Lager kommt und Männer verprügelt oder mit Schlagstöcken gegen sie vorgeht. Einige Männer haben heute nachmittag ihren Besuchern ihre Kleidung und andere persönliche Habe mitgegeben.*

*Montag, 14. Oktober*
*Mit Hilfe von Flaggenwinkzeichen werden Botschaften zwischen den Lagern der Internierten und denen der Verurteilten übermittelt. Eine Lobby baut sich auf, der insbesondere*

*unsere Ausbruchsfanatiker angehören. Sie plädieren dafür, daß kein Brand gelegt wird, sofern er nicht von einem großen Ausbruch begleitet wird. In unserem Lager macht sich Your Man dafür stark. Er meint, solange die äußere Umgrenzung des Lagers als sicher gilt, beeindruckt das Niederbrennen des Lagers die britische Regierung höchstens für kurze Zeit. Seiner Ansicht nach bringt das Abbrennen des Lagers in diesem Fall nichts, außer ein paar Wochen lang Veröffentlichungen über die hier drin herrschenden Bedingungen. Ein Massenausbruch im Schutz des Feuers dagegen mit dem Ziel, Hunderte von Männern rauszubringen – entweder durch Tunnels oder durch Stürmen der Tore oder Zäune und Mauern –, würde dem ganzen Kampf neue Impulse verleihen, behauptet er.*

*Weitere Männer haben heute ihre Kleider rausgeschickt.*

*Dienstag, 15. Oktober*
*In Wahrheit ist heute der 19. Oktober, und ich schreibe diese Zeilen in einer kleinen Behelfsunterkunft aus rußgeschwärztem Wellblech. Die Baracken in unserem Lager stehen nicht mehr. Ihr Ende besiegelte die außergewöhnlichsten und dramatischsten Tage, die ich in meinem kurzen Leben bisher erlebt habe. Alles begann am Dienstag in Lager Dreizehn. Ein Wärter machte abfällige Bemerkungen in puncto Sex über die Frau eines Gefangenen. Der OC von Lager Dreizehn bat, den Wärter des Lagers zu verweisen. Ein entsprechendes Abkommen besteht zwischen unserem Stab und dem Gefängnisregime schon seit langem. Unsere Leute haben die Abmachung nie leichtfertig in Anspruch genommen, und die normalen Wärter und die SOs hielten sie bereitwillig ein, da sie dazu beitrug, echte Aggressivitäten zwischen ihnen und den POWs abzubauen. Sie diente stets beiden Seiten. Doch dieses Mal weigerten sich die ranghöchsten Wärter (vermutlich auf Anweisung), der Bitte des OCs von Lager Dreizehn Folge zu leisten und den beleidigenden Wärter rauszuschicken. Vielmehr wurde Verstärkung in das Lager geschickt. Es kam zu einem Handgemenge. Unsere Männer warfen sämtliche Wärter aus dem Lager. Dann kam der Gefängnisdirektor. Er bestand darauf, daß alle an der Auseinandersetzung beteiligten*

*POWs vortreten und freiwillig in den Strafblock gehen sollten. Das war ein weiterer Bruch eines seit langer Zeit bestehenden und für beide Seiten vorteilhaften Abkommens, das besagte, daß der OC von ganz Long Kesh bei einer solchen Sachlage zu dem betreffenden Lager gebracht wird, um bei Bedarf den Männern die Anweisung zu geben, in die Zellen zu gehen. Der Gefängnisdirektor erklärte, das käme in diesem Fall nicht in Frage. Er kündigte an, wenn die Männer nicht vortreten würden, käme die britische Armee in das Lager und würde sie unter Anwendung von Gewalt wegschaffen. Als das dem OC von Long Kesh zu Ohren kam, ließ er dem Direktor eine Nachricht überbringen, in der er ihn an die Ankündigung der Republikaner erinnerte, das Lager niederzubrennen, falls die britische Armee eingesetzt werden sollte. Er forderte ihn auf, die Angelegenheit bis zum nächsten Morgen auszusetzen, damit sich die Lage etwas beruhigen könne. Das war kurz vor dem Einschließen. Der Direktor verweigerte auch den Wunsch zur Verschiebung der Angelegenheit. Daraufhin bat der OC um die Erlaubnis, in Lager Dreizehn gehen zu dürfen. Der Direktor verweigerte auch das: Er befahl allen Wärtern, die Lager der verurteilten Gefangenen zu verlassen. Sie zogen sich zurück, und unsere Männer griffen nicht ein. Nun ließ der OC dem Direktor noch einmal die Nachricht überbringen, daß das Lager brennen würde, wenn die britische Armee hereinkäme. Darauf teilte man ihm mit, die Verantwortung läge nicht mehr beim Direktor. Die Britische Armee hatte die Kontrolle übernommen.*

*Wir hier bei den Internierten wußten nichts von alldem. Ich habe den* scéal *erst später aufgeschnappt. Trotzdem, merkwürdig ist, daß ich bei einer Stabsbesprechung dabei war, bei der über Your Mans Plan diskutiert wurde, ein eventuelles Abbrennen des Lagers mit einem Ausbruch zu kombinieren. Zuvor hatte sich der OC der Internierten damit einverstanden erklärt, dem OC von ganz Long Kesh im Sektor der Verurteilten deswegen eine formlose Anfrage zukommen zu lassen. Your Man beeilte sich, sein Gesuch aufzusetzen. Wir hatten nach einer ausführlichen Diskussion gerade darüber abgestimmt, als einer in die Arbeitsbaracke hereinplatzte, in der wir unsere Versammlung abhielten, und sagte, daß es im Sektor der Verurteilten brennt. Wir rannten raus und sahen eine schwarze Rauchfahne am oberen Ende des Lagers zum Himmel aufsteigen. Der OC unseres Lagers eilte zum Zaun, wo ihn der OC der Internierten anwies: »Alles anzünden!« Wir zündeten das Lager an.*

*Ich, Your Man und Todler waren die drei letzten, die unser Lager verließen. Alle Internierten sollten sich drüben in Lager Vier versammeln. Der OC unseres Lagers führte die Männer hinüber, wir drei wurden abkommandiert, um zu kontrollieren, daß keiner zurückblieb. Als wir durch das Lager gingen, loderten sämtliche Baracken hell auf. Es war ein bißchen unheimlich. Kathleen Thompson hatte mir eine LP von Kris Kristoffersen geschickt. Irgend jemand mußte sie aufgelegt haben, als das Theater anfing, denn mitten in dem ganzen Durcheinander, in Rauch und Flammen, ertönte in voller Lautstärke »Bobby McGee«. Die Platte lief langsamer und langsamer, je stärker die Hitze wurde. Das ist sicher eine meiner bleibenden Erinnerungen an das Feuer in Long Kesh. Als wir aus unserem Lager rauskamen, hatten sich die Wärter bereits auf dem großen freien Platz zwischen den einzelnen Lagern formiert, um zu verhindern, daß wir uns den Verurteilten anschließen. Die Wärter hatten sich in der Nähe des Besuchsbereichs gesammelt. Zuerst dachte ich, es seien Bullen. Vielleicht stimmte das ja. Keiner unserer Jungs war in der Nähe, als wir drei quer über den Platz liefen. Es war gruselig. Die Lagerlichter waren zwar zerschlagen, aber die Wärter hatten uns in den großen Suchscheinwerfern. Sie feuerten Gummigeschosse und Gas ab. Es handelte sich eindeutig um CR-Gas. Kein CS. Ich kenne CS. Ich schluckte etwas von dem CR. Es ist schwierig, das Gefühl zu beschreiben. Es ist, als würde man an Ballons ersticken, die sich aufblasen und immer weiter aufblasen, bis sie die Luftröhre und die Lunge ausfüllen. Ich erinnere mich, gedacht zu haben, so müsse es sein, wenn man ertrinkt.*

*Als sich die Leute unseres Lagers versammelt hatten, fehlte ein Mann, ein Mann aus Derry. Ein paar von uns machten sich auf die Suche, und sie fanden ihn. Ich weiß nicht, wie. Er war in all dem Lärm und Durcheinander verschüttgegangen und hatte die Nerven verloren.*

*Ein Weilchen ging alles recht hektisch zu. Niemand von uns wußte etwas Genaues, aber offenbar sollten wir versuchen, uns den verurteilten Männern anzuschließen. Einigen Lagern der Internierten war das gelungen, kurz bevor die Wärter (oder Bullen) die einzige Verbindungsstraße – die Yellow Brick Road, wie Johnsie sie nennt – abriegelten, und unser Stab mußte nun eine Entscheidung treffen. Alle hatten ihre jeweiligen Lager angezündet, nun irrten wir ziellos umher. Your Man meldete sich freiwillig als Verantwortlicher, um Ordnung reinzubringen, solange der Stab die Alternativen diskutierte. Sehr schnell hatte er uns alle in Reihen formiert – und wir waren immerhin ein paar hundert. Er drillte uns ein paar Minuten, dann war die Ordnung wiederhergestellt. Anschließend schickten wir kleine Überfallkommandos los mit der Aufgabe, außerhalb der Lager Brände zu legen. Die Wärter (oder Bullen) griffen nicht direkt ein. Nur wenn wir versuchten, ihre Linien zu stürmen oder zu durchbrechen, reagierten sie angriffslustig. Ansonsten feuerten sie lediglich Gummigeschosse auf unsere Brand-Kommandos. Anscheinend hatten sie den Befehl, uns im Lager festzuhalten – oder in unserem Sektor von Long Kesh. In den ersten paar Stunden feuerten sie laufend CR-Gas.*

*Als alles Brennbare brannte, setzten wir uns einfach hin und bewunderten unser Werk. Um diese Zeit hatte Your Mans Stimme den Geist aufgegeben, und Hurdy Gurdy mußte als sein Megaphon fungieren. Mir passierten drei Dinge. Ich entdeckte den Heathen, eingehüllt in eine Decke (wahrscheinlich der einzige POW im Lager, der im Besitz einer Decke war), darunter preßte er eine große Blechbüchse mit Würstchen an sich. (Er gab mir eines ab.) Gott allein weiß, wo er die aufgetrieben hat. Dann rannte ich in Dickie Glen und sagte zu ihm, ich hätte gern was zu rauchen. Er verschwand, kam ein paar Minuten später zurück und gab mir eine Hamlet-Zigarre. Gott allein weiß, wo er die aufgetrieben hat. Und mein drittes Erlebnis hatte ich, als ich John Joe McGirl half und ihn fragte, ob bei ihm alles okay sei. »Wenn's dir gut geht, geht's mir auch gut«, antwortete er. Ein Gummigeschoß hatte seinen Kiefer gebrochen.*

*Mittwoch, 16. Oktober*
*Ein Weilchen später schickten wir Kundschafter los, um vor einem möglichen Gegenangriff gewarnt zu sein, und zogen uns in Lager Vier zurück. Die Verwundeten und die älteren Männer wurden in die Überreste dessen, was einmal eine Baracke gewesen war, gebracht, wir anderen setzten uns zusammen, rauchten und redeten. Diese Szene genau zu beschreiben, ist unmöglich. Finsterste Nacht, aber die Wolkenlandschaft loderte. Immer wieder stürzte ein Wachturm ein und brach in einem Wirbel aus Funken und Flammen zusammen. Gewaltige Explosionen dröhnten über das ganze Gelände. Nach einiger Zeit identifizierten wir den Lärm als explodierende Kosangasbehälter. Gelegentlich krachte ein Gummigeschoß oder eine Gasgranate. Ständig kreisten Hubschrauber mit Suchscheinwerfern über uns. Gelegentlich warfen sie Gasbomben ab.*

*Bei Einbruch der Dämmerung befahl der OC der Internierten allen, sich in die Mitte des Lagers zu setzen. Er erwartete im ersten Tageslicht einen Angriff der britischen Armee. Er wollte sich vorab darum bemühen, daß sich die Verantwortlichen verpflichteten, niemanden schlecht zu behandeln. Als die Nacht dem Tag wich, suchte mein Blick Big Ted. Er und ich, wir hatten Rücken an Rücken gesessen, um einander zu stützen. Sein Gesicht sah grau aus unter seinem Bart und all dem Ruß, der Asche und dem Schmutz. Wie die Gesichter aller anderen. Ich erinnere mich, daß ich gedacht habe, mein Gesicht müsse auch grau sein. Die Farbe harmonierte vortrefflich mit unserer Umgebung. Um uns herum gab es nur noch Grauschattierungen: grauer Stacheldraht, aschgrau schwelende Trümmer, rußgeschwärztes Holz, verkohlte Balken, teerschwarze Wege, grau bewölkter Himmel, und Hunderte graugesichtiger Männer saßen und hockten inmitten dieses Graus.*

*Dann kamen die Brits. Sie kamen schreiend und brüllend. Aus psychologischen Gründen, nehme ich an. Wir verhielten uns still. Das hat auch seine psychologische Wirkung. Bald standen sie ruhig außerhalb unseres Lagers und sahen uns an. Mir fiel auf, daß sie ebenfalls grau waren. Ein Offizier mit einem Megaphon befahl uns aufzustehen. Keiner von uns rührte sich; wir saßen einfach ganz still da und sahen sie an. Abwartend. Schließlich trat unser OC vor. Er bat um die Zusicherung guter Behandlung und um die Versorgung der Verwundeten. Aber die Brits wollten sich zuerst davon überzeugen, daß zwei bestimmte Internierte nicht abgängig waren; sie verlangten, daß sie vortreten sollen. Unser OC lehnte ab. Schließlich wurde eine Übereinkunft ausgehandelt: Die Verwundeten werden weggebracht; die anderen unserer Männer werden von unserem eigenen Stab zur Identifizierung zu den Wärtern geführt, anschließend kehren wir alle in unsere alten Lager zurück. Die Wärter sollten die Aktion überwachen. Der britischen Armee wurde zugestanden, eine Leibesvisitation vorzunehmen, nach der Filzerei sollte sie nur noch eine Beobachterrolle spielen.*

*Nach dem Zustandekommen dieser Übereinkunft ließ uns Harry F. aufmarschieren. Als wir stillstanden, erklärte er uns, wie es weitergehen würde. Er hat an diesem Morgen eine große Leistung vollbracht. Er hielt eine kurze Ansprache, dann marschierten wir aus der Mitte des Lagers ab und räumten den Platz für die britische Armee. Als sie den freigewordenen Raum besetzten, befahl der Offizier, die beiden von ihm gesuchten Internierten sollten vortreten. Wieder erklärte ihm Harry F., keiner von uns würde weggebracht werden. Er schlug vor, mit einem Wärter zu den beiden Männern hinzugehen, und so wurde es gemacht. Es war keine große Sache: Die Brits wollten nur sichergehen, daß die beiden nicht geflohen waren. Sobald das überstanden war, entspannten sich unsere Jungs merklich. Die tauglichsten und besten der Internierten hatten sich zuvor schützend um die beiden gesuchten Männer geschart. Jetzt begannen ein paar von den Jungs zu witzeln; sie forderten einzelne britische Soldaten auf vorzutreten, und mehr von all dem üblichen Unsinn.*

*Die Sache wurde wieder ein bißchen haarig, als man uns zur Leibesvisitation an den Zaun befahl. Wieder rührte sich keiner. Einer aus unserem Stab löste das Problem. Er trat vor und befahl uns, zum Zaun zu gehen. Dort standen wir ziemlich lange. Nichts Unerwartetes ereignete sich. Hinterhältige Rippenstöße und gelegentlich ein Knie oder ein Fußtritt zwischen die Beine, aber keine wirkliche Vergeltung für die Zerstörung von Long Kesh. Ein dienstälterer Wärter in Begleitung eines ranghöheren Mitglieds unseres Stabes führte die Identifizierung durch. Als wir in unsere alten Lager zurückgingen, stellten wir fest, daß am oberen Ende des Verurteiltensektors Gummigeschosse ballerten und Gasgranaten krachten. Aber als ich in Lager Zwei zurück war, verebbte der Lärm. Alles war ruhig. Die Brits waren immer noch überall.*

*Als Your Man ins Lager kam, zwinkerte er mir zu und zeigte mir einen Bolzenschneider, der gut einen halben Meter lang war und den er in einem Hosenbein seiner Jeans versteckt hatte. Etwa um 8.30 Uhr zog sich der Großteil der britischen Truppen zurück, allerdings wurden ansehnliche Kommandos in strategisch günstigen Positionen stationiert und Fußstreifen patrouillierten zwischen den Trümmern auf und ab. Ungefähr um zehn Uhr stellten wir uns auf und nahmen eine Tüte Milch und zwei Scheiben Brot in Empfang. Später wurden die Internierten, denen es gelungen war, zu den Verurteilten durchzukommen, in langen Zweierreihen zurückgebracht. Die blutbefleckten, grinsenden Männer wurden von Reihen schwerbewaffneter britischer Soldaten eskortiert. Alle marschierten die Yellow Brick Road hinunter. Um ein Uhr bekam jeder von uns eine Decke. Wir wurden abgezahlt. Nach dem Zählappell ließen wir uns fallen, wo wir gerade standen, und schliefen ein.*

*Donnerstag, 17. Oktober*
*Den ganzen Tag lang hörten wir uns die Geschichten von dem Gefecht auf dem Fußballfeld im Sektor der Verurteilten an. Nach allem, was man uns erzählte, war es ein heftiger Kampf, denn die POWs zahlten mit gleicher Münze zurück. Die beiden wichtigsten Kampfschauplätze waren die Eingangstore zum Fußballplatz. Die Jungs nahmen einen Brit gefangen, und der Hubschrauber bombardierte sie gezielt mit Gasgranaten. Die Briten eröffneten das Gefecht mit einem regelrechten Luftangriff, trotzdem hielten die Jungs durch. Als die Brits sie schließlich überwältigten, nachdem sie vorher etliche Male zurückgeschlagen worden waren, mußten die Jungs an den Stacheldraht, viele von ihnen fünf Stunden lang. Es gab viele Verwundete, einige Schwer-*

*verwundete – mindestens ein Mann verlor ein Auge –, es gab jede Menge Hundebisse, von Gummigeschossen herrührende Wunden, böse Prellungen und Brüche. Ihnen war es weit schlimmer ergangen als uns, aber wie T. O'G. sagte: »Wir kämpften mit dem Kopf.« Ich weiß nicht, ob es fair ist, das jetzt zu sagen, aber vielleicht hatte Your Man recht, als er behauptete, das Feuer sei der rechte Zeitpunkt, um Nägel mit Köpfen zu machen – und abzuhauen.*

*Wenn wir kein Seemannsgarn spannen – die Geschichten wurden bei jedem Erzählen immer wilder und abenteuerlicher –, verbrachten wir den Tag damit, in den Trümmern nach Souvenirs zu suchen. Ted, ich und der kleine Pat kamen überein, gemeinsam eine Unterkunft zu bauen. Als Ted und ich damit fertig waren, verzog sich Pat, weil er inzwischen ein besseres Quartier gefunden hatte. An diesem Abend bekamen wir vor dem Zapfenstreich einen halben Liter Milch, dazu zwei Scheiben Brot und Margarine. Das Einschließen fällt aus. Es gibt nichts, was abzuschließen wäre. Wir schlafen, wo und wann wir wollen. Kleine Feuer flackern an verschiedenen Stellen im ganzen Lager, in den anderen ist es genauso. Ted und ich schliefen gut, trotz des Regens und des Windes. Unsere Unterkunft ist eher wie ein Biwak, kaum höher als einen halben Meter.*

*Freitag, 18. Oktober*
*Beobachtete den Tag über den Commander, wie er versuchte, eine behelfsmäßige Dusche im Freien aufzustellen, und zwar zwischen den fast nicht mehr vorhandenen, geschwärzten, verbogenen und geborstenen Aluminiumwänden, die einmal die Toiletten umgeben hatten. Er brachte die Dusche tatsächlich in Gang. Mr. Sheen und Bunjy waren die ersten, die darunter standen. Das Wasser war warm! Uns war Eintopf versprochen worden, statt dessen bekamen wir zwei Scheiben Brot und Margarine und einen halben Liter Milch. Big Dominic und Billy R. organisierten ein großes gemeinschaftliches Singen rund um ihr Feuer.*

*Samstag, 19. Oktober*
*Der Eintopf kam: britischer Armee-Eintopf. Kein Wunder, daß sie nicht kämpfen können, wenn sie so was Eintopf*

*nennen. Mit Irish Stew hatte das jedenfalls gar nichts gemein, es fehlten der Hammel, die Zwiebeln und die Mohrrüben, es waren auch kaum Kartoffeln drin – trotzdem schmeckte es herrlich. Wir bekamen auch eine große Kanne heißes Wasser für den Tee. Die Gefängnisgeistlichen kamen mal schnell zu uns und brachten Zigaretten. Richtige Zigaretten. Sie fühlten sich zwischen unseren Lippen phantastisch an, nachdem wir tagelang nur Geordies Selbstgedrehte geraucht hatten. Gallagher's Blues, ha. Heute abend gab es Erbsensuppe.*

*Sonntag, 20. Oktober*
*Vater Joachim las die Messe. Er ist Mönch. Auch Vater Toner und Vater Cahill kamen kurz zu uns. Sie glauben, aufgrund der Kälte würden keine Krankheiten ausbrechen. Wir leben in einer provisorischen Hüttensiedlung. Wieder Eintopf und Brot und Margarine und Pappkartons mit Kleidung von unseren Freunden draußen. Ein Hoch auf das Green Cross, An Cumann Cabhrach, Noraid und das Republican Welfare Committee. Ich habe geduscht. Erst als ich die Ströme schmutzigen Wassers aus meinem Bart fließen sah, wurde mir bewußt, wie dreckig ich gewesen war. Habe von einem der Priester auch etwas Condor Ready Rubbed für meine Pfeife bekommen. Jeder von uns hat eine Orange gekriegt. Ah, welch ein Luxus! Das Leben ist großartig! Das Leben im Augenblick: Pack es beim Schopf! Wir hatten ein phantastisches Konzert heute abend. Wir können nirgendwo hingehen, aber was heißt das schon? Als wir es uns zur Nacht gemütlich machten, drehte sich Big Ted noch einmal zu mir um und sagte: »Ich bin froh, daß wir heute abend ausgegangen sind.« Ich auch. Aber ich hoffe, bald werden wir wieder Besuch bekommen dürfen. Ted wird ein bißchen zu einem Bohemien.*

*Montag, 21. Oktober:*
*Your Mann begann mit seinem Tunnel. »Endlich«, sagte er. Alles geht wieder seinen normalen Gang.*

»Nun, was haltet ihr davon?« fragte Cedric stolz.

»Was du da hast, ist ein Stück Geschichte«, antwortete Egbert.

»Ich weiß.«

»Schade, daß nichts drin steht von den Solidaritätsaktionen der Frauen in Armagh, oder den Jungs im Crum, die fertiggemacht wurden, oder dem Feuer in Magilligan, aber davon konntest du damals natürlich gar nichts wissen«, sagte Egbert nachdenklich.

»Zu schade, daß es so stinkt«, meinte Your Man. »In diesem Zustand nehmen es das Public Records Office oder die Archive der National Library ganz sicher nicht an. Ach übrigens, ich habe damals eine weit bedeutendere Rolle gespielt, als du sie geschildert hast.«

»Was!«

»War nur ein Scherz! Ha, ha. Du nimmst aber auch alles viel zu ernst.«

»Und weißt du, was bei dir nicht stimmt? Du nimmst nichts ernst. Du bist ein verdammter Idiot.«

»Glaubst du? Und weißt du auch, warum?«

»Warum?«

»Ich nahm nur zweimal in meinem Leben etwas ernst. Das letzte Mal nahm ich all das ernst, was auch der Richter gar nicht komisch gefunden hat.«

»Und das andere Mal?«

»Das war, als ich geheiratet habe.«

»Ach, verpiß dich.«

»Im Ernst?«

»Nawh.«

»Hab' ich euch übrigens schon mal von der Flucht aus dem Gerichtsgebäude in Newry erzählt? Also, hört zu ...«

# Feiertägliche Boshaftigkeiten

»Cedric strickt einen Schal«, vertraute Paddy Mo seinen Kameraden aus der halben Baracke an.

»Nicht schlecht«, sagte Bellringer, »dann hält er wenigstens die Klappe. Sonst beklagt er sich ja andauernd.«

»Ich stricke einen Kopfschützer, damit ich vorbereitet bin, wenn der Schnee kommt. Mich friert immer, wenn's schneit«, schnaubte Cedric.

»Was machst du denn da, Alec?«

Alec beobachtet seine Wellensittiche. Ein paar Sekunden später richtet er sich auf und legt den Finger an die Lippen.

»Psst«, flüstert er, »ich glaube, sie machen's.«

Die Jungs schleichen rüber zu Alecs Schrank. Egbert bugsiert Paddy Mo und Ginty nach draußen.

»Ihr dürft nicht zugucken«, befiehlt er. »Ihr seid zu jung.«

Während sie protestieren, schleicht Sambo heran und schiebt sich zwischen die beiden Blackys. McGlow steht natürlich ganz vorn. Alec öffnet voller Stolz den Schieber seines Brutkastens. Die beiden Wellensittiche sitzen schlafend auf der Stange in der Ecke.

»Sie machen's ja gar nicht«, knurrt Bik enttäuscht.

»Sie machen's nicht, weil ihr alle hier 'rumsteht«, jammert Alec.

»Vielleicht nach Weihnachten«, gibt Stewarty ungefragt zum besten. »Vielleicht treiben's sie's dann.«

»Sie haben's schon zweimal gemacht«, protestiert Alec. »Wo ist Thomas? Thomas...«

Thomas war (schon wieder) in seiner Ecke eingeschlafen.

»Also, ich hab' jedenfalls gesehen, daß sie's gemacht haben«, fügt Alec wenig überzeugend hinzu. »Ich hab' gesehen, wie ...«

Die Jungs wenden sich ab. Alec kehrt zu seiner Koje zurück. Die Wellensittiche treiben es. Alec ruft die Jungs zurück. Sofort schlafen die Wellensittiche wieder ein. Weihnachten rückt näher an die Barackenhälfte heran.

In der Mittelbaracke lauscht Bik aufmerksam dem BBC World Service im Radio. Honky Tonk unterhält sich gleichzeitig mit drei Leuten über drei verschiedene Themen, und Skeet betet in seiner Ecke leise den Rosenkranz. The Dark und Soppy Walter, von Weihnachtsstimmung schier überwältigt, führen ein intimes Gespräch über Fernsehprogramme, lange Unterhosen und die Wechseljahre des Mannes.

Die Doyle-Brüder, für uns alle nur der Erste Doyle und der Zweite Doyle, schreiben an ihre Mammy und an ihre Daddys. Five Sorrowful Mysteries weint leise auf der Toilette.

Crazy Joe, in einer tiefen Depression versunken, seit Scobie nicht mehr bei ihm ist, starrt niedergeschlagen auf den leeren Fernsehschirm und macht sich Sorgen um seine Nase. Hurdy Gurdy poliert wieder einmal seine Stiefel. Cleaky poliert wieder einmal seine Glatze. »Wie gewonnen, so zerronnen«, brummt er vor sich hin.

Bloggs ist in eine lebhafte Unterhaltung mit Paul McNabbs Wellensittichen vertieft. Paul, überzeugt davon, daß er Vater wird, bevor Alecs Wellensittiche überhaupt einmal in Betracht ziehen, für Nachwuchs zu sorgen, liegt zufrieden auf seinem Bett.

Surely-to-God hat sein neunzehntes Miniaturklavier fertig, und Pat Beag legt gerade letzte Hand an eine Agraffe. Neben der Kochplatte singen Noel Eile, Little John, Large Doc und Mickey D. patriotische Lieder. Duicy John, Skin und Doris-Day-Clarke proben Weihnachtslieder vor Cheesers Spind. Moke und Dougie verwickeln Swede, Bobby Breeze Block, Dickie Glen und Toy in eine sachkundige Debatte über die Vorzüge von *poitín* gegenüber dem Weinbrand aus Drawbridge. Guts Donnelly schreibt an seine Frau. Auf dem Bett daneben schreibt Twinkle Higgins an die Frau eines anderen. Paddy Mac summt »White Christmas« vor sich hin.

Andy Goldfish schreibt immer noch an einen Namensvetter in Amerika. Ein trauriger, gefühlvoller Brief. Joe B., fröhlich wie immer, liegt in einer Stinklaune unter Soppy Walters Bett. Wink-and-Nod dechiffriert die Karte, die er von seinem Onkel bekommen hat, der zur Zeit im Auftrag der CIA in Griechenland ist. Todler ißt schon wieder. Jack der Riese plappert Unsinn. Happy Horses quatscht dummes Zeug. Che O'Hara schreibt an Downing Street und fordert seine Freilassung und den britischen Rückzug aus Irland.

Es weihnachtet in der mittleren Baracke.

Natürlich weihnachtet es auch in der Gaeltacht-Baracke. Burnsy setzt unverdrossen sein Lebenswerk fort: 1974 begann er Liam Mellows zu lesen; jetzt hofft er jedes Jahr aufs neue, damit fertigzuwerden. In der Zwischenzeit trauert er seinen Gläschen nach und bemüht sich eifrig, Flöte, Banjo, Gitarre und *bodhrán*, und zwar allesamt gleichzeitig, zu spielen.

Danny D., seit Dees Verlegung in Lager Dreizehn (alles Dossers Schuld) am Boden zerstört, liegt allein, traurig und verlassen in der Falle von Jack dem Riesen, während Igor sich in seine eigene kleine Welt zurückgezogen hat.

Heavy Head packt ein Kistchen Zigarren ein für mich (wie ich schwer hoffe), und Micko ärgert seinen Bruder Joe. Mr. Sheen fädelt sich wie immer durch eine Stickarbeit, und Billy D. verpackt ebenfalls ein Kistchen Zigarren für mich (hoffe ich jedenfalls). Big Sid wäscht was im Spülbecken aus.

Floorboards sitzt still auf seinem Bett und beobachtet, wie seine Wellensittiche es treiben. Sie haben nicht mehr damit aufgehört, seit er ihnen vorige Woche *poitín* ins Futter getan hat.

Doc, verblüfft darüber, wie sie es treiben, verrenkt sich fast vor seinem Schrank und bewundert seine neue Frisur. T.C. seufzt.

Johnser stürmt nur mit Shorts bekleidet durch die Baracke. Jaws quasselt weiter. Rigor Mortis schläft seelenruhig in dem Tumult. Big Marshall lächelt.

Eine Herde Bauern versammelt sich in der Toilette und diskutiert über die Hammelpreise. Brendan Curren schließt seinen Laden. Weihnachtsstimmung macht sich in uns allen breit.

In der Arbeitsbaracke füttert Dicky seine Maus. Sporty erscheint, um Donals Zeichnungen schlechtzumachen, und Badger widerspricht.

Und so verstreicht Weihnachten; mit Hilfe freigiebig ausgeteilter Mengen Kraftbrühe oder *poitín*, wie die weniger gebildeten Jungs sagen, verstreichen die Tage noch unwirklicher. Es ist mir ein Rätsel, wie sie es fertigbringen, zwanzig Gallonen von dem Stoff in einem Lager dieser Größe zu verstecken. Selbst nach den gründlichsten Razzien ist immer genug davon da, daß man sich ordentlich besaufen kann. Ein bißchen von diesem Stoff und dazu die Weihnachtsstimmung, das bringt selbst die schlimmsten Feinde zusammen. Alter Ärger und alte Wunden werden unter dem Absingen eines obszön abgewandelten »Jingle Bells« vergessen.

»*Oiche Chiúin*« (Stille Nacht) bricht es aus heiseren subversiven Kehlen. Der Rücken, in den sie sich sonst nur allzu gern fallen, wird gegenseitig mit herzlich gemeintem Geklopfe malträtiert. Die Parole des Tages lautet: »Du bist in Ordnung, Mann.« In diesen kurzen Stunden werden Mißverständnisse geklärt, Entschuldigungen angenommen, Hände geschüttelt, Tränen vergossen. Frieden und Eintracht regieren an erster Stelle. Auch heute, am Tag des Heiligen Stephanus, vereint der Kater alle einträchtig. Heftige, beharrliche, pochende, hämmernde Kopfschmerzen haben sich des ganzen Lagers bemächtigt, die Stille wird nur vom Gemurmel eines seltsamen, bleichgesichtigen Getreuen unterbrochen, der sich gepeinigt zum *an leithreas* schleppt! Aber schon machen die ersten bösartigen Gerüchte die Runde:

»Hast du das von Harold drüben in Lager Zehn gehört? Und von Big Aodán im Neuner?«

»Big Bob war fertig. Er...«

»Du hättest Alphonsus in unserer Baracke sehen sollen. Er hat sich um fünf Uhr früh abgemeldet.«

»Warte, bis du das gehört hast. Ein Typ, der Priester hätte werden sollen, war bis halb sechs auf. Sie mußten ihn zu Bett bringen.«

Der *craic* war wirklich boshaft. Ein Bleichgesicht aus Derry, das sich bereit erklärt hatte, »Belfast Brigade« zur Melodie von »Danny Boy« zu singen, sitzt zitternd und mit trüben Augen zu meiner Linken, Egbert und Cedric bitten um einen Eimer. Mich? Ich bin am Ende.

Die Wärter kommen, Zeit zum Einschluß. Als sie uns über Nacht in sicheren Gewahrsam nehmen, senkt sich die

Ermattung periodisch auftretender Trunksucht über Long Kesh.

Ich muß jetzt gehen. Ich habe für zehn Uhr einen Sitzplatz bei Floorboards reserviert. Ich will seinen Wellensittichen zusehen, wie sie es treiben. Your Man sagt irgendwas von *soixante-neuf.* Erinnerung an '69? Aye, die Nostalgie ist auch nicht mehr das, was sie mal war.

Na ja. Immerhin besser als gar nichts.

# Sláinte

»Hat einer von euch Cedric gesehen?« fragte Egbert.

»Er ist bei Dosser«, rief eine Stimme von hinten aus der Baracke.

Dosser hieß unser Braumeister, unser Schnapsbrenner. Mit einer bunt zusammengewürfelten Mannschaft von Gehilfen sammelte er die Ingredienzen, behandelte sie entsprechend und verwahrte sie anschließend in sorgfältig versteckten Behältern. Während wir anderen auf das Resultat warteten, vollführte Dosser ausgeklügelte kleine Rituale, Tests und seltsame Beschwörungen, bis er endlich mit der Heranreifung seines Zaubertranks soweit zufrieden war und damit begann, seine Destillieranlage aufzubauen. Dann, so erklärte er, werden »die Bestandteile zur Gewinnung des Extrakts mittels Erhitzung, die zur Verdampfung führt, getrennt, anschließend durch Abkühlung kondensiert und das dadurch anfallende flüssige Destillat aufgefangen«.

Mit diesem Arbeitsgang war er an dem Tag beschäftigt, an dem Egbert nach Cedric suchte. Egbert brauchte nicht lange, bis er Dosser fand; sein zielgerichteter Instinkt, der einem Spürhund Ehre gemacht und um den ihn ein Steuereintreiber beneidet hätte, führte ihn geradewegs zu Dossers Versteck.

»Ist Cedric da?« rief er.

»Nawh, er hat schlappgemacht. Er ist vor einer Weile gegangen«, antwortete Your Man, der als Dossers Assistent tätig war, gut gelaunt.

Dosser sagte nichts. Die Herstellung von *poitín* ist eine komplizierte Angelegenheit, die große Konzentration erfordert. Er war völlig in seine Kunst vertieft. Aufmerksam studierte er eine Reihe Zahlen, die er säuberlich in sein kleines schwarzes Notizbuch eingetragen hatte. Dosser war Perfektionist.

»Hast du ihm was zu trinken gegeben?« erkundigte sich Egbert.

»Konnte ihn nicht davon abhalten.« Your Man lächelte. »Er hatte eine schriftliche Erlaubnis von seiner Mammy.«

»Sehr witzig«, schnappte Egbert. »Man merkt, daß du nicht mit ihm auskommen mußt.«

Sehr aufgebracht marschierte er ab. Dosser beendete seine Berechnungen.

»Ich glaube, wir schaffen's«, sagte er zu Your Man und Igor. »Jetzt ist es drei Uhr; dieser Durchgang ist bald fertig, mit dem nächsten können wir noch vor fünf beginnen. Gegen acht sind wir fertig. Noch vor dem Einschließen haben wir alles sicher verstaut.«

*»An bhfuil Cedric anseo?«* (Ist Cedric da?) rief Egbert in die Gaeltacht-Baracke.

*»Nawh, Ní fhaca mé é«* (Nein, hab' ihn nicht gesehen), kam die Antwort. *»Nach bhfuil sé leatsa?«* (Ist er nicht bei dir?)

»Wenn er bei mir wäre, würde ich kaum nach ihm suchen, ha!« knurrte Egbert wütend.

*»Ná bí ag caint as Béarla«* (Sprich nicht englisch), befahl der OC der Gaeltacht-Baracke.

*»Go raibh bloody maith agat!«* (Verdammt vielen Dank auch!) Egbert trollte sich.

Die Herstellung von *poitín* erfordert ein gewisses Fingerspitzengefühl und reichlich fachmännisches Können. Besonders in Long Kesh. Von den *poitín*-Brennern, die ich gekannt habe, hatte Dosser die Sache vermutlich am besten im Griff, zumindest unter den verurteilten Männern. Die Internierten hatten ihre eigenen Meister, die meisten von ihnen schworen auf den Commander. Dessenungeachtet gebührt die Ehre, den besten *poitín* zu brennen, den Männern aus North Antrim, Tyrone, South Armagh oder South Derry; einige von ihnen erinnern sich noch an die Zeit, als jedes irische Dorf seine eigene Brennerei besaß. Das war, so sagen sie, vor 1661, dann wurde eine Steuer eingeführt. Niemand in South Derry, North Antrim, South Armagh oder Tyrone bezahlte sie, noch waren sie geneigt, den neuen »parlamentarischen Whiskey« zu trinken. Für sie gab es nur *poitín*. Hier in Long Kesh betreiben sie ihr Geschäft im kleinen Maßstab für einen ausgewählten Kundenkreis – für Gourmets. Dosser und der Commander beliefern wie John Power und Arthur Guinness eine größere Kundschaft.

Man sagte, der Commander habe alle Männer seines Lagers mit einer monatlichen Abgabe belegt. Mit zwei Pfund Zucker oder sechs Pfund Obst wurde schon gerechnet; da ungefähr 140 Internierte seiner Aufsicht unterstanden, ergab das eine hübsche Menge Rohstoff. Der Commander steuerte die Hefe bei, dann bemühten er und zuverlässige Männer sich emsig und mit der Regelmäßigkeit eines Fließbandes, Gallonen von Alkohol herzustellen und zu konsumieren. Hätte sich der Commander auf das Brennen legalen Branntweins verlegt, wäre sein Unternehmen zu einer ernsthaften Bedrohung für Bushmills geworden. Dickie Glen behauptete allerdings, der Commander würde die Sache etwas abkürzen. Zu Zeiten von Obstmangel oder Fäule wurden gegen Bestechung Kartoffeln aus der Lagerküche organisiert, aus denen ein experimenteller, hochprozentiger Kartoffelwein gemacht wurde, den der Commander als einen frechen, kleinen edlen Wein bezeichnete.

Der Commander beharrte darauf, man könne praktisch aus allem Alkohol machen, man brauche nur Zucker und Hefe dazu; die weiteren Zutaten seien lediglich für den Geschmack relevant, auf den Alkohol komme es an. Er spricht fast immer ein wenig undeutlich, und je mehr er trinkt, um so ausgeprägter wird sein John-Wayne-Gang. Dosser vertrat eine andere Ansicht: Für ihn war der Geschmack fast ebenso wichtig wie der Alkoholgehalt. Er nahm bevorzugt Äpfel und Orangen und fast immer die gleichen Grundbestandteile, obwohl er in seltenen Ausnahmefällen auch schon mal auf Gefängnismarmelade zurückgriff. Nahezu immer hatte er irgendwo irgendein Gebräu am Gären. Die meisten Brenner in Long Kesh, auch der Commander, stellten spekulative Betrachtungen über den Zeitpunkt der nächsten Razzia an. Rechtzeitig zermanschten sie dann in aller Eile ihre Ingredienzen und ließen sie ungefähr acht Tage lang gären. Anschließend lief das Zeug durch eine Rohrkonstruktion, und dann betranken sie sich. Dosser war da anders: Seine Verstecke oder Lager waren sorgfältig eingerichtet. Ein Teil seines Grundstoffs überdauerte sechs Monate; er gärte friedlich in den Eingeweiden unseres Lagers, bis der kräftige Geruch nach dem nächsten Gang der Verarbeitung schrie. Dosser überließ nichts dem Zufall. Seine sämtlichen Lager hatte er nach Alter, Inhalt, Menge und Temperatur der Grundstoffe sortiert. Alle wichtigen Informationen zeichnete er auf – verschlüsselt natürlich.

Während des ersten Teils des Gärungsprozesses überprüfte Dosser beständig seine Keller, das Notizbuch und den Kugelschreiber in der Hand und den stets treu ergebenen Igor, seinen Oberlehrling, an der Seite. War Dosser zufrieden, weil alles die optimale Reife erlangt hatte, setzte er seine Destillieranlage zusammen und begann mit dem Brennen. Dann, und nur dann, kamen die sorgfältig ausgewählten und vergorenen Ausgangsstoffe zum Einsatz.

Der erste Ausstoß hatte am meisten Alkohol und mußte normalerweise gestreckt werden. Kam jedoch eine entsprechende Menge zusammen oder hatte Dosser seinen großzügigen Tag, bot er seinen Helfern etwas zum Probieren an. Eine solche Probe hatte Cedric an dem Tag bekommen, als er sich vor Egbert verkrümelte. Zumindest behauptet Egbert, er sei untergetaucht: Cedric behauptet, er sei nirgendwo hingegangen, er sei nur unsichtbar geworden. In Wahrheit fiel er hinter der Duschbaracke in einen Trunkenheitsschlummer, und es dauerte fast zwei Stunden, bis Egberts unentwegt suchende, nüchterne Augen ihn dort erspähten. Als Cedric eine Stunde später aufwachte, war er ein anderer Mensch.

In der Zwischenzeit hatte Dosser an die vierundzwanzig Liter hochprozentigen schwarzgebrannten Alkohol zusammen. Er bereitete auch eine Art Edeltropfen – neun Gallonen in dieser Partie – für die, die mal in netter Gesellschaft ein Glas trinken wollten. Es ging auf acht Uhr, als der letzte Tropfen *poitín* aus der Anlage lief. Dosser war sehr zufrieden.

»Räumen wir auf, Männer«, meinte er. »Ein kurzer Spaziergang vor dem Einschließen tut uns gut, bevor wir uns zu einem ordentlichen Umtrunk zusammensetzen.«

Zurück in der Baracke, machte Big Duice den Versuch, Egbert über Cedrics rätselhafte Abwesenheit zu trösten.

»Vielleicht wurde Cedric in ein anderes Lager verlegt«, bemerkte er feinfühlig.

Egbert würdigte ihn nicht einmal einer Antwort, sondern lächelte nur sein kleines schiefes Lächeln.

Cedric lag im Hof. Sein Gesicht war grün angemalt, und wo sonst seine Augenbrauen waren, befanden sich zwei gelbe Streifen. Die Augenbrauen und die Hälfte seines Schnurrbarts waren abrasiert. Egbert hatte ganze Arbeit geleistet: Er hatte nur die besten Lederfärbemittel benutzt. Es dauerte bestimmt drei Wochen, bis Cedrics Gesicht wieder seine normale rosige Blässe angenommen hatte. Aber Cedric merkte nichts davon. Ihn störte nichts; er fühlte sich großartig. Es gelang ihm, sich mit den Fingern in die Teerdecke zu krallen und ganz langsam in Richtung auf den Zaun zu robben. Melodisch trällerte er Leonard-Cohen-Liedchen in Richtung Erdboden. Über die Ellenbogen drehte er sich langsam auf den Rücken. »Lieder für einen Selbstmord«, sagte er tadelnd zu den Sternen. »Singen wir was, was besser zu unserer Stimmung paßt. Mondschein und Rosen bringen wundervolle Erinnerungen an dich zurück«, schmachtete er.

Es war fünfzehn Minuten vor dem Einschließen. Dossers Destillierapparat war inzwischen wieder Bestandteil der Rohrleitungen in der Duschbaracke. Seine Kunden hatten ihre Ration in Empfang genommen – alle, außer Cedric und Egbert; Your Man brachte ihren Anteil an Egberts Bett.

»Hier, bitte, alter Freund«, sagte er zu Egbert. »Das ist frei, gratis und umsonst für dich und deinen Kumpel.«

»Er ist noch nicht da«, antwortete Egbert. »Ich hoffe, er hat keine Schwierigkeiten.« Er konnte sich kaum ein Grinsen verkneifen.

Cedric war am Lagerzaun angelangt. Ein britischer Soldat samt großem Schäferhund beäugten ihn von der anderen Seite des Drahtes.

»Wieder ein Schäferhund, wieder ein Schäferhund«, sang Cedric den beiden zur Melodie von »A Nation Once Again« vor.

»Wie ich sehe, begleitest du deine Mutter auf einem Spaziergang«, sagte er freundlich zu dem Briten.

»Verpiß dich! Weg vom Zaun, du blöder Paddy, verpiß dich!« stieß der Brite wütend hervor. Angesichts der grüngesichtigen Erscheinung, die vor ihm auf dem Boden kauerte, geriet er ein wenig aus der Fassung.

»Hau ab in dein eigenes Land, du unflätiger englischer Armleuchter", gab Cedric zurück.

Langsam zog er sich hoch, seine Finger krallten sich in den Zaun, bis er aufrecht stand. Der Brite sah ihn voller Unbehagen an. Der Hund knurrte bedrohlich. Zu voller Größe aufgerichtet, hielt Cedric den beiden eine Rede. Seine kräftige, feurige Ulster-Stimme dröhnte über den Zaun, und selbst der Hund verstummte, als Cedric verkündete:

»Wir sind die unbeugsamen Iren. Ihr seid nichts weiter als die Werkzeuge der Kolonisatoren. Ihr könnt uns nicht besiegen. Ihr begreift uns nicht. Die Zeit hat den Sieg errungen«, sprach er feierlich, »der Wind hat alles verweht. Das Empire ging verloren. Auch England wird dran glauben müssen. Oder mit anderen Worten«, fuhr er fort:

»Irland war Irland, als England noch ein Furz war,
Irland wird Irland sein, wenn England im Arsch ist.«

Der Brite zog seinen Schlagstock und hieb vor Cedrics Gesicht auf den Zaun ein, der Hund sprang knurrend und zähnefletschend vor.

»Ach, packt euch selber«, gluckste Cedric. »Du kannst dir deinen Schlagstock in den Arsch stecken«, intonierte er.

»Du kannst dir deinen Schlagstock in den Arsch stecken.
Du kannst dir deinen Schlagstock, du kannst dir deinen Schlagstock,
Du kannst dir deinen Schlagstock in den Arsch schieben", sang er und lachte.

Der Brite trat gegen den Draht und schmetterte seinen Schlagstock dagegen. Cedric wich zurück.

»Ein bißchen Ordnung, bitte ich mir aus«, brüllte er. »*Bígí ciún*. Ein Sänger, ein Lied. Ein bißchen Ordnung bittet sich der Sänger aus. Ich fange mit dem Vers an, du kannst dann ja in den Refrain einfallen. Okay?

›Zeig mir den, der das Land nicht liebt, in dem er einst geboren,
Wer wird nicht voller Stolz darauf blicken, wie hoffnungslos es auch sei.
Ich weiß, ich liebe mein Land, und hoff', ich werd' es noch erleben,

Daß Unterdrückung von unsern Ufern vertrieben, daß Irland wird sein endlich frei.‹

Jetzt kommt der Refrain«, deklamierte er. »Sing ihn mit, wenn du willst.

›Die Freunde sollen sich gegen mich stell'n, die Leute das Maul sich zerreißen,

Mein Herz gehört meinem Land, ich werd' Irland auf ewig lieben.‹

*Arís* – jetzt alle. Die Freunde sollen sich gegen mich stell'n...«

Dosser stürmte in die Baracke. »Da gibt's Ärger am Zaun!« schrie er. »Es ist der Trottel Cedric! Er bringt einen Brit auf die Palme. Wenn wir ihn nicht dort wegkriegen, bevor die Wärter zum Einschließen kommen, geht seinetwegen unser Getränkelager hoch«, informierte er Egbert.

»Sonst hast du wohl keine Sorgen, was? Kein Gedanke an irgend jemand anderen. Kein Gedanke an den armen Cedric. Wenn der OC ihn erwischt, bekommt er eine Strafe von einem Jahr«, jammerte Egbert und sprang aus dem Bett.

Wie in Gedankenübertragung dachte Cedric am Zaun gerade an Egbert. »Okay«, forderte er den Soldaten heraus. »Bei der nächsten Razzia fragst du nach Egbert. Das bin ich. Das da ist meine Baracke.« Er gestikulierte heftig nach hinten. Da sah er Egbert, der über den Hof auf ihn zurannte. »Frag einfach nach mir«, schloß er seine Rede. »Weil ich dir nämlich in die Eier treten will. Du und ich: ein fairer Kampf. Hoch lebe Ballymurphy!«

»Brr«, mischte sich Egbert ein. »Zügel die Pferde, Kamerad«, sagte er zu Cedric. »Kannst du ihn nicht in Ruhe lassen«, schalt er den wütenden Briten. »Such dir das nächste Mal einen in deiner Größe, okay?«

»Los komm, Kumpel.« Er führte Cedric weg vom Zaun. »Hast du Lust auf einen kleinen Schluck? Wer hat das mit deinem Gesicht gemacht?« fragte er scheinheilig. »Los, gehen wir rein, bevor sie schließen. Wir wollen doch keinen Ärger, oder?«

Sie lachten beide. Jeder war entzückt über das Unheil, das er gestiftet hatte, wußte aber nichts von der Boshaftigkeit des anderen.

»Ärger? Ärger?« Cedric blieb stehen und riß sich zusammen. »Du hast ja wirklich keine Ahnung, Egbert«, gluckste er vergnügt, sein grünes Gesicht verzog sich zu einem Lächeln.

»Und ich weiß, daß du keine hast«, entgegnete Egbert.

»Ärger?« sagte Cedric hinterlistig. »Denen werde ich Ärger geben.

›Wer die britische Armee haßt, der klatsche in die Hände‹«, sang er.

»Wer die britische Armee haßt, der klatsche in die Hände.

Wer die IRA liebt, wer die IRA liebt,

Wer die Lazy K. haßt, der klatsche in die Hände.«

Egbert öffnete die Barackentür und stieß den immer noch singenden Cedric hinein. Your Man reichte beiden einen Drink.

»Der Abend ist noch jung«, verkündete er und zeigte mit einer schwungvollen Gebärde auf die noch wartenden Liter Alkohol. »Mir gefällt dein Make-up«, versicherte er Cedric, der ihn grün und vollkommen verständnislos anstarrte.

»Ein Trinkspruch«, schlug Egbert vor.

Sie hoben ihre Marmeladengläser und prosteten einander zu.

*»Sláinte«*, sagte Your Man zu Cedric.

»Auf die RA«, verkündete Cedric, sein grünes Gesicht strahlte uns an.

»Auf die RA!« antworteten wir einstimmig.

Anschließend hoben wir in einem glückseligen Chor unsere Gläser auf Cedric und auf Egbert und auf Your Man, wir grinsten und sprachen einen Toast nach dem anderen.

*»Sláinte!«*

# Terrorismus

Ich blätterte meine Ausgabe des »Northern Ireland Act« (Bestimmungen für den Ausnahmezustand) 1973 durch und stieß in Teil IV, Diverses und Allgemeines, auf die Definition von Terrorismus.

Danach bedeutet Terrorismus den Einsatz von Gewalt zur Erreichung politischer Ziele und schließt jede Anwendung von Gewalt mit ein, die darauf ausgerichtet ist, die Öffentlichkeit oder Teile der Öffentlichkeit in Angst zu versetzen.

Nun, liebe Leser und Leserinnen, wie finden Sie das? Es ist erstaunlich, was sich mit Worten alles machen läßt, nicht wahr?

Ich, der ich im Gefängnis bin und so weiter, dachte an all die Menschen, die ich kenne, die mit Terrorismus zu tun haben. Nein, ich meine nicht Sie und mich! Ich meine all die Menschen, auf die die oben abgedruckte Definition paßt. Es würde einige Bände füllen, wollte ich alle die Gruppen aufzählen, die einem Kleingeist wie mir dabei spontan durch den Kopf gehen. Um das Ganze einzuschränken, möchte ich mich nur mit einer Gruppe beschäftigen. Es ist eine ganz spezielle Gruppe von Menschen. Kämen Sie darauf, daß ich die Menschen meine, die hier und in England für Gefangene verantwortlich sind? Ich will Ihnen sagen, was ich tun werde. Ich werde nur kurz ein paar ihrer noch nicht lange zurückliegenden Aktivitäten erwähnen, dann können Sie sich selbst ein Bild davon machen, ob sie unter die oben erwähnte Definition fallen. In Ordnung?

Zuerst möchte ich, daß Sie sich mit den Berichten über den Balcome-Street-Prozeß befassen. Der *craic* ist folgender: Die angeklagten Männer haben die Verantwortung für die Bombenanschläge in Guildford und Woolwich übernommen. Bis heute haben sie einem Anwalt getrennt voneinander gemachte schriftliche Aussagen zukommen lassen, in denen sie schildern, wie sie diese Operationen ausgeführt haben. Nach allem, was ich gelesen habe, sind diese Schilderungen derart detailliert und präzise, daß an ihrer Glaubwürdigkeit keinerlei Zweifel bestehen. Darüber hinaus gibt es Zeugen, die beschwören, daß es bei der Abfassung dieser schriftlichen Aussagen zu keiner geheimen Absprache zwischen den Männern gekommen und jede Aussage freiwillig gemacht worden sei.

Die einzige Schwierigkeit besteht nun darin, daß der britische Staat bereits andere Menschen als die für diese Explosionen Verantwortlichen inhaftiert hat. Menschen, die andauernd erklärt haben, sie seien zu Unrecht beschuldigt und zu Geständnissen gezwungen worden, Menschen, die stets ihre Unschuld beteuerten. Andere wurden verhaftet, weil die Briten die verantwortlichen Einheiten der IRA nicht fassen konnten. Deshalb erfanden sie »Einheiten der IRA«, derer sie habhaft werden konnten.

Nun erhebt sich die Frage, wie und warum kommen unschuldige Menschen dazu, solche Aussagen zu unterschreiben, und wie kommt es, daß auch diejenigen, die sie nicht unterschreiben, am Ende trotzdem lange Freiheitsstrafen erhalten? Ganz sicher machen sich doch die britische Polizei, die Rechts- und Gefängnisorgane nicht des »Einsatzes von Gewalt zur Erreichung politischer Ziele« schuldig oder versetzen »Teile der Öffentlichkeit in Angst«, oder?

Und was ist mit den kürzlich in Albany verabreichten Prügeln? Ich frage mich, wie Sean Campbell zu einem gebrochenen Arm, einem gebrochenen Kiefer und einem gebrochenen Bein plus gebrochenen Rippen gekommen ist? Wie hat sich Vater Fell die Nase gebrochen? Wie sind andere zu ihren schweren Prellungen und Kopfverletzungen gekommen? Sind sie vielleicht alle zusammen die Treppe hinuntergefallen?

Das bringt mich auf den Fall Eddie Byrne. Letzte Woche litt Eddie im Parkhurst-Gefängnis auf der Isle of Wight an einer ausgerenkten Schulter. Und wie war das mit Patrick Hackett, der jetzt in Einzelhaft im Brixton-Gefängnis sitzt? Patrick, der bei einer Explosion eine Hand und ein Bein verloren hat, wurde in Einzelhaft genommen, weil er nicht um einen Sportplatz gelaufen ist.

Es gibt viele weitere Fälle von irischen Gefangenen, die geheimnisvolle Verletzungen erleiden und sehr lange in Einzelhaft sitzen müssen. Ein schottischer Anwalt, Alastair

Logan, veröffentlichte im *Law Guardian*, dem Organ des Londoner Berufsverbandes der Anwälte, eine gut recherchierte und dokumentierte Anklage über die Behandlung republikanischer Häftlinge in britischen Gefängnissen. Er schilderte darin auch die Verletzungen, die Iren in Polizeigewahrsam oder in Untersuchungshaft erlitten.

Ein am 20. Dezember 1976 in der *Irish Press* erschienener Artikel kommentiert:

»Mr. Logans Artikel mit den Schilderungen der Schikanen, denen republikanische Gefangene ausgesetzt sind, ist eine schmerzliche Lektüre. In einer deprimierenden Abfolge sind darin die Beschränkungen für Besuche von Verwandten, Geistlichen und Rechtsanwälten, die erniedrigenden Leibesvisitationen, der eingeschränkte Zugang zu Lesematerial ... die Verweigerung von Ausbildungsmöglichkeiten und aktiver Bewegung aufgezeichnet. Wie muß man sich fühlen, wenn man ständig in einer Zelle leben muß, in der das Licht vierundzwanzig Stunden am Tag brennt?«

Soviel, liebe Leser und Leserinnen, zu England. Wie sieht es nun in Irland aus?

Bereits Ende des neunzehnten Jahrhunderts hat ein britischer Parlamentsausschuß die Einzelhaft verurteilt. Heute sitzen republikanische Gefangene in Long Kesh vierundzwanzig Stunden am Tag in Einzelhaft. Sie sind nackt, haben keinen Kontakt zur Außenwelt (Zeitungen, Briefe, Besuche etc. sind nicht erlaubt), keine Bewegungsmöglichkeiten, und sie können davon ausgehen, daß sich daran in absehbarer Zukunft nichts ändern wird.

Einzelhaft ist eine schlimme Erfahrung, die sich nachhaltig auf die psychische Verfassung auswirkt und das Bewußtsein verändert. Stellen Sie sich vor, Sie wären eine Woche lang nackt und ohne jede Möglichkeit auf Kontakt zur Außenwelt in einem Kohlenschuppen eingesperrt. Und stellen Sie sich vor, welchen Aufruhr es gäbe, wie darüber in den Zeitungen berichtet und in den akademischen Hallen geredet würde, wenn in Südafrika, Chile oder Rhodesien ein solches Vorgehen aufgedeckt würde. Trotzdem passiert es gerade jetzt, und nur ein paar hundert Meter von der Stelle entfernt, an der ich schreibe.

Die »Association for Legal Justice« hat den, wie sie es nennt, Mangel an Menschlichkeit bei der Behandlung dieser Gefangenen durch das Nordirlandministerium der britischen Regierung verurteilt. »Ebenso schwerwiegend«, so fährt sie in ihrer Erklärung fort, »ist die enorme Zunahme an Ängsten und Ressentiments, die dadurch in den Familien und bei den Freunden hervorgerufen werden ...«

Ich frage mich, ob diese Praxis unter die britische Definition von »die Öffentlichkeit oder Teile der Öffentlichkeit in Angst zu versetzen« fällt?

Vater Faul erklärte in einer Botschaft an eine kürzlich stattgefundene Konferenz über die Rechte Gefangener: »Ich habe große Zweifel an dem im Portlaoise-Gefängnis herrschenden System ... es zerstört die Männer und erzeugt abgestumpfte, verbitterte Menschen.«

Der in der Dubliner Regierung für Portlaoise verantwortliche Minister erklärte in einem Interview mit der BBC im Zusammenhang mit der kürzlichen Kontroverse über die Erklärung eines Ausnahmezustandes: »Wir haben die Absicht, diese Sache ein für allemal zu beenden.« Er sagte nicht, daß seine Regierung keine Gewalt anwenden werde; außerdem ist allgemein bekannt, daß Gefangene in Gefängnissen des Freistaates schlecht behandelt und in Einzelhaft eingesperrt werden. Der Gefangene Tom Smith wurde während eines »Fluchtversuchs« erschossen. Es ist ferner allgemein bekannt, daß es strenge Beschränkungen für Besuche von Verwandten, Rechtsanwälten und Geistlichen in den Gefängnissen Portlaoise und Limerick gibt. Zwei Bischöfen wie auch den Gemeindepriestern einiger Männer wurde die Erlaubnis verweigert, Gefangene zu besuchen.

Trotz der Beweise dafür, daß geprügelt wird, trotz des Todes von Gefangenen, trotz des Verdikts von Straßburg und aller Kommissionen, Tribunale und Untersuchungen, saß seit 1969 kein britischer Soldat, kein Angehöriger der »Royal Ulster Constabulary«, kein Polizist oder Gefängniswärter auch nur einen Tag im Gefängnis wegen im Dienst begangenen Mordes oder Folter.

Das liegt daran, daß in den britischen Gesetzen – wie auch in dem, das Terrorismus definiert – nette, an Catch 22 erinnernde Klauseln enthalten sind. Dieses »Northern Ireland (Emergency Provisions) Act« zum Beispiel »wird angewendet auf Personen ab vierzehn Jahren, die nicht den regulären Seestreitkräften, Heeresstreitkräften oder Luftstreitkräften Ihrer Majestät angehören«. Ätsch!

Würden die wahren Terroristen bitte aufstehen?

# Eine unglaubliche Geschichte

Vor langer, langer Zeit, *i bhfad, bhfad ó shoin*, lebte in Irland ein großer Mann aus dem Clann de Béal. Er wurde Malachi alias der Heide genannt und besaß eine große Burg oder *rath* in Dún Dealgan (Dundalk). Wann immer die britische Regierung dabei war, dem Land Unrecht zuzufügen, war er stets zur Stelle, um dagegen anzugehen.

Er war ein wahrhaft erstklassiger Kämpfer, ein großartiger Führer und im Umgang mit jeder Art Waffen sehr gewandt. Außerdem konnte er jede Gestalt annehmen, die er wollte. Nun wußte seine Frau von dieser Gabe und bedrängte ihn fortwährend, er solle sie in sein Geheimnis einweihen. Aber da er ein weiser Mann und obendrein auch ein bißchen ein Chauvinist war, dachte er nicht daran. Zumindest anfangs nicht.

Aber sie quengelte und quengelte und setzte ihm so schwer zu, daß der alte Malachi schließlich erschöpft und vollkommen erledigt war. Er versuchte, sie hinzuhalten und abzulenken, sah aber schließlich keinen anderen Ausweg mehr als nachzugeben. Er erklärte sich bereit, sich vor ihren Augen in eine Amsel zu verwandeln. Es gab nur eine Schwierigkeit: Falls sie auch nur das geringste Anzeichen von Angst zeigte, bevor er die Sache beendet hatte, war es ihm für unendlich lange Zeit nicht mehr möglich, wieder seine menschliche Gestalt anzunehmen. Natürlich versprach seine Frau, sich auf gar keinen Fall zu fürchten, im Gegenteil, sie werde sich so verhalten, daß er stolz auf sie sein könne.

An einem schönen Sommerabend saßen sie in ihrem großen Gemach. Da wandte er sein Gesicht von ihr ab, murmelte ein paar Worte, und bevor sie auch nur »Juhu!« rufen konnte, war er verschwunden, und eine schöne Amsel flog durch den Raum.

Trotz ihrer Großspurigkeit fürchtete sich die Frau ein wenig, aber sie nahm sich zusammen, auch, als er angeflogen kam, sich auf ihre Schulter setzte und seine flatternden

Flügeln ihr Gesicht streiften, sein kleiner Schnabel ihre Lippen berührte und die herrlichste Melodie sang, die sie je gehört hatte. Er zog Kreise im Raum und spielte *ralioh* mit ihr, flog hinaus in den Garten und wieder herein und ließ sich auf ihrem Schoß nieder, als wolle er schlafen, bevor er sich erneut in die Lüfte erhob.

So ging das etliche Zeit hin und her, und als die beiden genug hatten, flog er noch einmal hinaus. Er kam gleich wieder zurück, aber hinter ihm flog ein großer Falke durch das offene Fenster herein! Die Frau schrie laut auf, doch dazu bestand kein Anlaß, denn der wilde Vogel schoß durch das Zimmer und krachte mit solcher Wucht gegen den Tisch, daß er auf der Stelle tot, mausetot war.

Aber die Frau hatte ihr Versprechen gebrochen. Sie hatte ihre Angst gezeigt. Als sie sich im Zimmer nach der Amsel umsah, war sie nirgendwo zu sehen. Sie war verschwunden, und die Frau bekam Malachi nie wieder zu Gesicht.

Dies ist nicht das Ende der Geschichte, sie läßt sich weiterspinnen. Malachi und seine Krieger schlafen nun in einer großen Höhle unter dem *rath* von Dundalk. Ein Tisch steht in Längsrichtung mitten in der Höhle. Am Kopfende sitzt Malachi, und seine Reiter in ihren Rüstungen sitzen in langen Reihen zu beiden Seiten. Ihre Köpfe ruhen auf ihren Armen. Ihre Pferde stehen gesattelt und gezäumt hinter ihnen. Und wenn der Tag kommt, an dem der Müllerssohn mit den sechs Fingern an jeder Hand seine Trompete bläst, dann stampfen die Pferde mit den Hufen und wiehern, und die Ritter erwachen, besteigen ihre Rosse, ziehen in den Kampf und jagen die englische Regierung samt ihren Truppen aus Irland hinaus.

Und dieser Tag, liebe Kameraden, wird kommen. Aber bis dahin reitet Malachi alle sieben Jahre auf einem großen grauen Esel, dessen silberne Hufeisen zur Zeit von Malachis Verschwinden gut über einen Zentimeter dick waren, um das Curragh von Kildare. Wenn die Hufeisen nur noch so dünn sind wie das Ohr einer Katze, dann kehrt Malachi – auch wenn der an jeder Hand sechsfingerige Müllerssohn die Trompete nicht bläst – wieder in die Gemeinschaft der lebenden Männer und Frauen zurück. Er wird einen großen Kampf gegen die Engländer führen, und nachdem er sie aus dem Land getrieben hat, wird er zweimal zwanzig Jahre als König von Irland regieren.

In den Nächten, in denen er um das Curragh reitet, kann jeder, der zufällig vorbeikommt, den Eingang zur Höhle in Dundalk sehen. In den letzten hundert Jahren sahen ihn mehr als ein Dutzend Leute. Erst letzten Monat ging sogar ein Mann hinein. Er befand sich auf dem Nachhauseweg nach der *Árd Fheis*, der großen Parteiversammlung der Fianna Fail. Er war Pferdehändler aus Berufung und Minister der Fianna Fail von Beruf. Es war schon spät, als er die erleuchtete Höhle sah, und er schlüpfte hinein. Er hatte ein paar Drinks intus, aber die Lichter, die Stille und der Anblick der Männer in ihren Rüstungen ernüchterten ihn schlagartig.

Seine Hände begannen zu zittern, und er ließ einen Zügel zu Boden fallen. Das Geräusch erzeugte in der langgestreckten Höhle ein stetig wiederkehrendes Echo. Da hob einer der Krieger dicht neben ihm den Kopf und fragte mit tiefer, heiserer Stimme: »Ist die Zeit gekommen?«

Der Pferdehändler zitterte am ganzen Leib und antwortete: »Nein, noch nicht – aber lang kann's nicht mehr dauern.« Da sank der Krieger wieder nach vorn auf den Tisch.

Das war's.

Nachdem ich Ihnen das erzählt habe, wüßte ich zu gern, ob Sie das nächste Mal, wenn Sie in Dundalk sind, die Höhle suchen werden? Und ob Sie durch die Tür hineinhuschen, wenn Sie sie finden, zu dem schlafenden Malachi, seinen Kriegern und ihren Pferden, die nur darauf warten, eines Tages hinausreiten zu dürfen. Dann versichern Sie sich unbedingt, daß keine Minister von der Fianna Fail in der Nähe sind. Sind Sie dessen ganz sicher, treten Sie vorsichtshalber zurück und rufen Sie, so laut Sie können: »Los, aufwachen! Die Zeit ist gekommen!«

Bis dahin, Mutter Irland, mit Verlaub: Rutsch mir den Buckel runter!

# Hüte dich vor den Iden des März

Bei Besuchsverbot wird ein Gefängnis zu einem anderen Ort. Zum Beispiel hört jeder bald auf, sich zu waschen. Cedric, immer gern initiativ, hörte früher damit auf als alle anderen. Er war ein schmutziges, schmuddeliges, dreckstarrendes und unrasiertes Ferkel. Sein Kopf stellte allerdings eine Ausnahme dar. Den Kopf hatte er sich rasiert. Aus irgendeinem Grund rasieren sich viele POWs während eines Besuchsverbots den Kopf. Seamus Beag MacDairie O'Goboney, unser in solchen Fragen bewanderter keltischer Gelehrter und ortsansässiger kreativer Marxist, verfolgte diesen Brauch zurück auf ein altes irisches heidnisches Ritual. Hat anscheinend irgendwas mit Fruchtbarkeitsriten zu tun.

Wir hatten uns alle um Cedrics Bett versammelt, spielten Karten und funkten – was soviel heißt wie plaudern –, so gut wir konnten. Das war nicht viel, denn Cedric quatschte und quatschte. Kein anderer kam zu Wort, er besaß das Monopol für die Unterhaltung.

Unvermittelt verstummte er. Wir blickten überrascht auf. Jemandem, der ihn nicht kennt, kann man das kaum erklären, aber Sie können mir glauben, es ist sehr ungewöhnlich, daß Cedric aufhört zu reden. Besonders so plötzlich. Er schien echte Schwierigkeiten zu haben.

Sein Gesicht lief dunkelrot an, wurde noch roter, als es ohnehin ist, und seine Augen traten goldfischartig hervor. Er brachte nur ein schwaches Krächzen heraus, aber seine Lippen bewegten sich stumm, als formten sie wortlos Worte. Sein Gesicht verzerrte sich, Schweiß brach ihm auf der Stirn aus.

Wir starrten ihn stumm an und hatten Angst, irgend etwas zu unternehmen. Ganz offensichtlich waren wir hier machtlos, wir konnten nicht eingreifen. Mit uns passierte etwas, etwas Unfaßbares, Unbeschreibliches, und doch schien nichts verändert; etwas Bestimmtes, und trotzdem Unbestimmbares. Etwas geschah mit uns und mit Cedric, und er kämpfte heftig dagegen an. Instinktiv wußten wir das alle. Wir wußten, vor unseren Augen fand ein Kampf zwischen Gut und Böse, ein Kampf um die Kontrolle, statt. Und dann hörte es auf. So plötzlich, wie es angefangen hatte, endete es.

Cedrics Gesicht entspannte sich, ein lautes Pfeifen kam über seine Lippen, dann schüttelte er sich – fast wie ein Hund –, räusperte sich, grinste dämlich und fragte laut: »Worüber hatten wir gerade gesprochen?«

»Du meinst, worüber du gesprochen hast«, antwortete ich roh.

Egbert verhinderte, daß wir uns eingehend damit auseinandersetzten, denn im selben Moment spielte er einen Trumpf aus (zum x-ten Mal an diesem Abend), und unser Kartenspiel war zu Ende.

Erst ungefähr eine Stunde später, als ich bereits im Halbschlaf lag, ging mir das Kartenspiel wieder durch den Sinn. Während ich aus der realen Welt von Long Kesh langsam in meine ureigene Traumwelt hinüberglitt, schob sich Cedrics Gesicht zwischen meine Gedanken an meine Frau und meine Familie, und seine Frage drängte sich in meinen Schlaf: »Worüber hatten wir gerade gesprochen?«

Aber erst jetzt begreife ich, was passiert ist: Es wurde mir während der Abendnachrichten klar. Ich hatte gewußt, etwas stimmte nicht, etwas hatte sich verändert, aber ich kam nicht dahinter, was. Jetzt, wo ich darüber schreibe, sehe ich alles ganz klar, und ich weiß ehrlich nicht, warum es mir nicht schon früher gedämmert hat. Um Punkt 12 Uhr gestern nacht verlor Cedric bei seinem revolutionären Vortrag den Faden. Bis dahin hatten wir über die Stormont Convention gesprochen oder vielmehr über das nicht mehr existierende Parlament, und als um Mitternacht der erste Tag im März begann, verstummte Cedric schlagartig mitten im Satz. Bei uns anderen zeigte sich keine derart dramatische Auswirkung, aber wir hatten schließlich auch nicht soviel geredet. Um zwölf Uhr trat das neue Gesetz des britischen Direktherrschers Merlyn Rees in Kraft, und damit hörten wir plötzlich auf, politische Gefangene zu sein. Das ist sonnenklar. Sobald dieses Gesetz in Kraft trat, wurden alle aus politischen Gründen inhaftierten Iren und

Irinnen im ganzen Norden zu Kriminellen. Es war wie ein Gottesgesetz.

Jetzt, während ich schreibe, sehe ich Cedrics Gesicht vor mir. Ich erinnere mich an die veränderte Stimmung, die uns alle ergriffen hat. Warum zum Teufel bin ich nicht früher daraufgekommen?

Heute spürten wir alle, daß etwas nicht stimmt, daß sich etwas verändert hat. Die Art und Weise, in der ich mich genötigt sah, den Wärtern meine Bücher auszuhändigen. Die Art und Weise, wie wir uns alle in einer Reihe am Tor aufstellten und unsere Bücher den Wärtern übergaben: Bücher über irische Geschichte, über Republikanismus, über Revolutionstheorie. Ich weiß nicht, warum ich es getan habe, es schien mir einfach richtig zu sein. Sean O'Casey, *Buntús Cainte*; Fintan Lalor, *Fios Feasa*: Die gesamte, uns sehr wertvolle Literatur ging den Weg in das kleine Freudenfeuer direkt vor unserem Lager.

Die Veränderung war so offensichtlich, ich begreife nicht, wie sie mir entgehen konnte. Ich hätte es in dem Moment wissen müssen, als ich den Wärter mit »Sir« ansprach.

»Bitte, Sir«, hatte ich gejammert, »könnte ich wohl einen Pinsel und ein bißchen Farbe bekommen?«

»Alles bereits im Lager«, hatte er geantwortet und auf Nigel gedeutet, der unser Wandbild von der Proklamation von 1916 mit schwarzer Gefängnisfarbe übermalte.

Und dann die Art und Weise, wie unsere Organisationsstruktur plötzlich völlig zusammenbrach. Ich hätte etwas merken müssen, als unsere Vorträge, Debatten und Diskussionen heute morgen gestrichen wurden. Zum Teufel – wir alle hätten kapieren müssen, was vor sich geht, als die Wärter uns antreten ließen!

Jetzt läßt sich das natürlich leicht sagen, aber ich glaube, wenn man darüber nachdenkt, ist die Sache nicht ganz so einfach. Immerhin hat die Art und Weise, in der britische Gesetze über uns bestimmen, etwas Übernatürliches. Was hätten wir denn anderes machen sollen angesichts von Gesetzen, die das Unterhaus in Westminster verabschiedet hat? Es ist okay, uns jetzt mit Hohn und Spott zu überschütten, aber Sie hätten den Kampf sehen sollen, den Cedric ausgefochten hat. Und wie schon gesagt, ich habe erst kapiert, als ich die Spätnachrichten gesehen habe. Vermutlich bin ich der einzige hier, der Bescheid weiß, denn ich habe sie als einziger gesehen. Alle haben sich den Spätfilm angeguckt, sich aber verzogen, als dieser zu Ende war. Ich wollte gerade dasselbe tun, als ich Tee verschüttete. Ich war allein und wischte den Boden auf, da hörte ich plötzlich den Sprecher sagen: »Für eine bestimmte Gruppe von Gefangenen in Nordirland wurde der politische Status aufgehoben. Alle diese Gefangenen sind nun Kriminelle. Davon betroffen sind 1500 Häftlinge, darunter 900 Republikaner.«

Und da dämmerte es mir!

Es dauerte. Es wurde mir ganz langsam bewußt, als ich mir in Erinnerung rief, warum ich hier bin. Warum es Long Kesh gibt; warum die Briten hier sind.

Ich versuchte, es Your Man zu erklären, als wir vor dem Einschließen noch ein paar Runden im Hof drehten. Allerdings schien ich mit meinen Worten nicht ganz durchzudringen. Er grinste mich nur an und gluckste idiotisch: »Sagst du mir das nochmal?«

»Wir sind jetzt gewöhnliche Kriminelle«, informierte ich ihn.

»Oh, dann sind wir ja jetzt alle OCs«, witzelte er.

Ich beließ es dabei; es brachte nichts. Nicht, daß ich ihm deswegen einen Vorwurf mache – jeder weiß, wie sich ein britisches Gesetz auf einen Menschen auswirken kann. Sobald es Gesetz im Land wird, *sin é*. Es funktioniert schon seit Jahren. Man muß sich nur ansehen, wie sich das Establishment in Dublin verhält, oder Teile der Medien betrachten. Aber trotzdem, es ist schwer, das alles zu berücksichtigen.

Der *Daily Mirror* von gestern zum Beispiel. Ich las ihn von der ersten bis zur letzten Seite. Anscheinend sehe ich mich inzwischen gezwungen, solche Zeitungen zu lesen. Auf Seite fünf war ein Brief abgedruckt, in dem die folgende Frage gestellt wurde: »Warum bezeichnen wir die isländischen Boote als ›Kanonenboote‹ und unsere eigenen Boote als ›Fregatten‹? Unsere Boote sind größer als die isländischen und haben mehr Geschütze. Müssen wir die

Isländer aggressiver erscheinen lassen? Sind wir befangen?«

Dem Briefschreiber geht es wie mir. Aus irgendeinem Grund sagen ihm die Gesetze nicht zu, zumindest nicht hundertprozentig. Er weiß, irgend etwas stimmt nicht, aber er ist sich nicht sicher, was das ist. Es ist schwer, das zu durchschauen.

Bei Merlyn Rees ist das anders: Er hat einen Vorteil. Merlyn weiß, er verfügt über die Macht, die Motivation der Menschen, das Denken der Menschen, die Einstellung der Menschen verändern zu können. Er muß nur ein Gesetz verabschieden, und wir alle müssen uns notgedrungen danach richten. So einfach ist das.

Schließlich kann man keine Kriminellen unterstützen, und wir armen Iren können gar nichts machen, wenn die mächtige britische Regierung zum Beweis für Verbrechertum entsprechende Gesetze verabschiedet. Haben uns das Merlyn Rees, Harold Wilson, Gerry Fitt, Thomas Passmore, Kardinal Conway, William Cosgrave, Conor Cruise, Ian Paisley, Onkel Tom Cobbley und all die anderen nicht gesagt?

Ich muß jetzt gehen. Gott schütze England. Gibt es da draußen noch eine Welt?

# Die Árd Fheis

Der OC unseres Lagers, hinter seiner patriarchalischen Fassade ein recht liebenswürdiger Bursche, konnte sich wohl gegen Ende seiner zusammenfassenden Rede des Eindrucks nicht erwehren, die große Mehrheit der Versammelten könne der Meinung sein, er sei überkritisch. Jedenfalls schien sein schlummernder, aber leicht zu weckender Minderwertigkeitskomplex die Oberhand zu gewinnen, und er schloß murmelnd unsere erste, aber außerordentlich erfolgreiche *Árd Fheis.*

Zu der zweitägigen Jahresversammlung, der *Árd Fheis,* von Sinn Fein waren Delegierte aus Belfast, Strabane, Dungannon, Newry und Ballymurphy aus der Barackenhälfte, der mittleren Baracke und der Gaeltacht in die Kantine angereist. Ein erfahrener Beobachter bemerkte, dies sei die größte Menschenmenge, die er während der fünf Jahre, die er hier mit eingehenden Beobachtungen verbringe, in Long Kesh auf einer Versammlung, an der teilzunehmen jedem freigestellt ist, gesehen habe. Militante Linksaußen aus der Mittelbaracke unterhielten sich aufs angenehmste mit den Intellektuellen aus der Barakkenhalfte, und unbeholfene Landjunker beschäftigten sich mit einer Aufgewecktheit, die ihren Dialekt Lügen strafte, mit den Anträgen. Die Sache lief langsam an, aber mit der Verabschiedung einer Geschäftsordnung und der Wahl eines Vorsitzenden (der dieses Amt seiner Redegewandtheit verdankte) konnte sich unsere kleine Gefangenen-*Árd Fheis* daranmachen, die lange Liste der Anträge in Angriff zu nehmen.

Als erster meldete sich Brendan Hughes zu Wort. Er schlug vor, Sinn Fein solle im Freistaat eine massive Agitationskampagne organisieren und sich mit allen gegen den Staat opponierenden Gruppen zusammenschließen. Er meinte, man müsse sich unbedingt die von der Regierung Cosgrave gemachten Fehler zunutze machen, und ging im einzelnen auf die Kollaboration und den Ausverkauf der Werte in der jüngsten Vergangenheit ein, auf die offenkundig pro-britische Haltung von Conor Cruise O'Brien,

Cosgrave und Garret FitzGerald. Dee Delaney unterstützte den Antrag und brachte die Delegierten mit seinem leidenschaftlichen Angriff auf die Sozialpolitik, Wirtschaftspolitik und die Politik der konstitutionellen Parteien in Leinster House im allgemeinen in Schwung.

»Sinn Fein muß sich im Klassenkampf mit dem Volk verbünden; unsere Agitation soll nicht die Reform des Systems, sondern seine Veränderung zum Ziel haben«, erklärte er. »Unsere Agitation muß revolutionär sein, sie muß sich gegen den Staat und seine Speichellecker richten.«

Der Vorsitzende konnte die Delegierten, die ihre Unterstützung für Dee mit Fußgetrampel und lautem Schreien bekundeten, nur mit Mühe in Schach halten. Die Versammlung brach in heftigen Applaus aus, als Brendan Hughes in seinem Resümee die Republikaner dazu aufrief, ihren eigenen State of Emergency zu erklären.

Überflüssig zu sagen, daß dieser Antrag einstimmig angenommen wurde. Dann folgte eine kurze, aber ziemlich häßliche Diskussion zwischen einer nur aus Soppy Walter bestehenden kleinen Interessengruppe, die eine Veränderung der Geschäftsordnung verlangte, und dem Vorsitzenden. An diesem Punkt kam es zu einer Verletzung der Demokratie, die aber rasch wiederhergestellt wurde, denn der oben erwähnte OC des Lagers und der Adjutant erschienen am Podiumstisch. Beide setzten sich neben den Vorsitzenden und machten Anstalten, sich Notizen zu machen. Soppy Walter trat ohne jedes weitere Wort den Rückzug an.

Gerry Rooney stellte den Antrag, Sinn Fein solle sich um die nachhaltige Stärkung der antiimperialistischen Einheit zwischen den Gruppen der Arbeiterklasse bemühen, und wurde darin von Tom Boy unterstützt. Beide Sprecher wiesen betont darauf hin, auf welche Weise die Imperialisten ihre Einheit aufrechterhielten und fragten, ob die Antiimperialisten daraus nicht etwas lernen könnten. Es sei dies für uns ein Schritt, den die Vernunft gebiete. Viele Delegierte meldeten sich zu diesem Thema zu Wort. Die Wogen gingen etwas hoch, aber nach Stellung eines Ergänzungsantrags – daß sich Sinn Fein mit *allen* wahrhaft antiimperialistischen Gruppen weltweit solidarisch erklärt – ging der Antrag schließlich durch.

Nächstes Thema auf der *clár*. Wee Denis und Scobie beantragten, die Eire Nua-Broschüre auf den neuesten Stand zu bringen, und Joe Floorboards und Surely-to-God verlangten, in allen *cumann*-Verbänden ein politisches Bildungsprogramm anzubieten. Denis ließ sich des langen und breiten darüber aus, wie notwendig es sei, die Druckschriften und Flugblätter von Sinn Fein, insbesondere die politischen Schriften, auf den neuesten Stand zu bringen, und wie wichtig es sei, daß die Mitglieder über die politische Linie gut Bescheid wüßten und in politischen Fragen bewandert seien. Scobie, der Denis' Antrag unterstützte, sagte, er habe nichts zu sagen. Eine hitzige Diskussion folgte, in der sich Moke für den Antrag stark machte. Soppy Walter schlug vor, der Antrag solle zur Abstimmung kommen, was schließlich auch geschah, und er wurde mit zwei Gegenstimmen und einer Stimmenthaltung, nämlich von Soppy Walter, angenommen.

Joe Floorboards' und Surely-to-Gods Antrag ging in die gleiche Richtung. Joe sprach von der dringenden Notwendigkeit der politischen Bildung. Die Basis, so erklärte er, sei bereit; Bürger sollten bei Zusammenkünften mit Republikanern in Kontakt kommen, und dabei sollten wir unsere Überzeugungen, unsere Taktik, unsere Politik erläutern. Den Leuten sollte die Möglichkeit zu Einwänden und Kritik gegeben werden; sie sollten sich aktiv beteiligen und genau wissen, worum es geht. Die politische Bildung für Republikaner außerhalb wie auch innerhalb der Bewegung sei der Anfang, der Kernpunkt, der Unterbau für alles überhaupt. Der Antrag ging durch. Aus irgendeinem Grund enthielt sich Sambo der Stimme, und Heithy machte sich nicht die Mühe, mitabzustimmen. Soppy Walter erhob Einwände gegen sieben Punkte der Geschäftsordnung.

Anschließend kamen Burnsie und Wee Paddy mit ihrem Antrag, unverzüglich und überall Volksräte einzusetzen. Burnsie, bekannt für sein fußballerisches Talent, betonte die Bedeutung von Volksräten und erklärte, diese seien ein wichtiger Bestandteil des Kampfes. Niemand begriff, wovon Paddy eigentlich redete, aber in der nachfolgenden Diskussion unterstützten Moke, Sambo und Soppy Walter den Antrag. Auch Noel McNabb meldete sich zu Wort, und der

Antrag zur Einrichtung von Volksräten wurde mit nur einer Gegenstimme angenommen.

Am Sonntag endete die *Árd Fheis* mit einer geschlossenen Sitzung, in der über Propaganda und Öffentlichkeitsarbeit diskutiert wurde. Eine gut unterrichtete Quelle mit engen Beziehungen zum Lagerstab informierte mich, daß Martin und Danny D. ihren Antrag durch eine recht stürmische Sitzung steuerten, daß sich Padre Pio bezüglich der störenden Zwischenfragen Soppy Walter angeschlossen habe, und daß der Vorsitzende Probleme mit der Aufrechterhaltung der Ordnung habe. Ferner informierte man mich, daß Paddy Mac und Larry O'. ihren Antrag trotz heftiger Opposition durchdrücken konnten. Der Vorsitzende beendete die geschlossene Sitzung und sagte den Delegierten, sie sollten am Montag um zwei Uhr wieder zusammentreten. Daraufhin verlegten die Delegierten ihren Tagungsort in ihre jeweiligen Zellen.

Am Montag wurde die Versammlung mit einem Antrag von Dan D., Ripley McBangers und MacLiam Wilson eröffnet, die verlangten, daß großzügig republikanische Literatur, Schriften und politische Dokumente verteilt werden, und zwar ungeachtet des dafür zu investierenden Kapitals. Eine gedämpfte, aber intensive Diskussion folgte, und der Antrag wurde schließlich mit nur einer Gegenstimme angenommen. Anschließend machten sich Hugh Up und Bik McFarlane für ihren Antrag stark. Sie forderten eine Kampagne von Sinn Fein zur Förderung des Unterrichts von irischer Geschichte und irischer Sprache an den kommunalen Schulen und traditioneller irischer Musik in örtlichen Clubs. Padre Pio reichte einen Änderungsantrag ein, der dem Bestandteil des Antrags, der sich mit der Förderung traditioneller Musik in Clubs beschäftigte, ein wenig die Spitze nahm. Ursprünglich war gefordert worden, alle Musiker und Sänger sollten eine anständige Gage und freie Getränke bekommen. Der Änderungsantrag beschränkte die Zahl der Freigetränke auf lediglich eines und überließ die Regelung der Gage den jeweiligen Clubkomitees.

Über die drei nächsten Anträge wurde dann wieder in geschlossener Sitzung verhandelt. Die Lager-Offiziellen zeigten sich sehr zugeknöpft über den Ausgang. Ein führender Dissident sagte mir, die Anträge seien streng interner Natur, und selbst er weigerte sich, mir weitere Einzelheiten zu enthüllen. Ich schätze, Rigor Mortis, Stu Mor, Malachy Deas, Cat, Cleaky Clarke und Wee Dickie brachten allesamt Anträge vor oder unterstützten sie, die sich auf den politischen Status, den Sinn Fein *Árd Chomhairle* und ähnliche Dinge bezogen. Keiner der Herren erklärte sich zu einem Kommentar bereit, aber ein Sprecher, der Rigor unterstützte, sagte, es sei eine bei Delegierten übliche Praxis, in bezug auf innere Angelegenheiten Schweigen zu bewahren.

Den letzten Antrag stellten Brendan Curran und Tommy Carroll, und dieser wurde einstimmig angenommen. Sie forderten, in alle Gefängnisse einen Bericht über die *Árd Fheis* zu schicken. Der Vorsitzende dankte sich selbst für die von ihm geleistete Arbeit, und die *Árd Fheis* endete mit der eingangs erwähnten langatmigen, aber gut vorgetragenen Zusammenfassung vom OC des Lagers. Die Delegierten wurden gebeten, die Anträge an Tom Hartley oder ihren örtlichen Sinn-Fein-*cumann* weiterzuleiten. Gegen diesen Punkt hatten Soppy Walter und Padre Pio Einwände. Padre war dafür, daß die Anträge an Danny Morrisson gehen, und Soppy Walter trat dafür ein, alle Mittelsmänner zu übergehen und direkt mit Dublin zu verhandeln. Als sie sich damit nicht durchsetzten, kehrten sie erst nach einer konspirativen Sitzung in Padre Pios Zelle wieder zur *Árd Fheis* zurück. Es ist verbürgt, daß die Mehrzahl der verantwortungsvollen Delegierten sie, wie immer, auch weiterhin ignorierten.

Der OC und der Adjutant des Lagers sagten mir in einem Exklusivinterview, sie seien überzeugt, die *Árd Fheis* sei ein großer Erfolg gewesen, und sie hofften, die *cumainn* von Sinn Fein draußen würden die von ihnen übermittelten Anträge mit Wohlwollen aufnehmen. Das Interesse, das die POWs an den Vorgängen draußen aufbrächten, zeige sich deutlich am hohen Niveau der Debatte und an den vorgebrachten, auf guten Informationen beruhenden Argumenten. Die Anträge bezüglich politischer Bildung, Propaganda und Einrichten von Volksräten demonstrierten ferner, daß die republikanischen Gefangenen sehr genau wüßten, welche Themen für den Kampf von Bedeutung seien. Sie erwarteten mit Interesse einen Bericht von der draußen stattfindenden *Árd Fheis* und meinten, irgendwie plötzlich pessimistisch, daß möglicherweise nächstes Jahr eventuell wieder eine *Árd Fheis* im Lager abgehalten werde.

Nebenbei bemerkt, der Vorsitzende war Cleaky Clarke (Senior). Er, Soppy Walter und Padre Pio diskutieren immer noch irgendwo. Völlig im Einklang mit der republikanischen Tradition gingen sie vor Ende der Sitzung wegen Meinungsverschiedenheiten über einen grundsätzlichen Punkt hinaus. Niemand erinnert sich genau, worum es dabei eigentlich ging.

Egbert, Cedric und Your Man nahmen an unserer *Árd Fheis* aufgrund von Unstimmigkeiten zwischen ihnen und dem Vorsitzenden in bezug auf die Sitzordnung nicht teil. Es wird berichet, sie und die Brüder Doyle hätten sich in der Trockenbaracke versammelt. Glaubt man dem *scéal*, behauptet Your Man, unsere *Árd Fheis* sei nicht legitim, die ihre sei die offizielle *Árd Fheis* des Lagers gewesen. Er behauptet ferner, die Anwesenheit des Ersten und Zweiten Doyle verleihe ihrer Sitzung die historische Legitimität und mache unsere Versammlung unrechtmäßig.

Ich frage mich, was er glaubt, wer er ist? Oder will er jemanden auf den Arm nehmen? Manche Leute wissen einfach nicht, wann sie zu weit gehen.

# H-Block

»Los kommt, reden wir mal ein paar Takte mit den beiden neuen Jungs«, schlug Cedric vor. »Sie waren die Nacht über im H-Block. Vielleicht erfahren wir von ihnen was Neues über Kieran Nugent.«

»Wann wurden sie verurteilt?«

»Am Mittwoch«, sagte Egbert, »und es hat sie ziemlich schwer erwischt. Zwanzig Jahre und sechzehn Jahre. Die Richter gleichen so die fünfzig Prozent Straferlaß aus. Alles bloß Augenwischerei. Die Brits machen in der Öffentlichkeit ein Riesengetue mit den fünfzig Prozent Straferlaß und verhängen stillschweigend höhere Strafen.«

»Wie sind die beiden denn in den H-Block geraten?«

»Ach, die Wärter haben irgendwas verpfuscht. Los kommt, drehen wir ein paar Runden, dann finden wir den Grund schon heraus. *Ceart?*«

Also stiefelten wir los, ich, Cedric und Egbert. Wir gabelten die Neuen auf dem Weg vor der Baracke auf und gemeinsam drehten wir fünf unsere Runden im Hof. Das Lager war fast ausgestorben. Der Frost kündete warnend den bevorstehenden Winter an. Wir marschierten flott. Cedric brach als Erster das Schweigen. Ihm fällt es schwer, über längere Zeit die Klappe zu halten.

»Warum seid ihr in den H-Block gekommen?« fragte er den jüngeren der beiden Kameraden.

»Sie haben uns vom Gericht abgeholt und dann herumgeschoben.«

»Waren die Wärter ekelhaft?«

»Also, als wir da hingebracht wurden, hat uns der Oberschweinekerl, der SO, übernommen. Er hat sich sehr großspurig benommen.«

»Der ist immer anmaßend«, kicherte Cedric. »Der arme Mann weiß ja gar nicht, was ihm fehlt.«

»Naja, der andere Wärter war nicht so schlimm«, mischte sich unser zweiter neuer Mann ins Gespräch. »Er teilte uns nur mit, sie seien hier die Bosse, aber er verpaßte uns nichts vom Üblichen.«

»Zu mir hat er gesagt, ich dürfe nichts an die Wände schreiben, nicht singen und nicht läuten, es sei denn, ich sterbe«, fiel ihm der andere Neue ins Wort.

»Tja, sie gaben mir einen Pinkelpott und zeigten mir, wie das Licht funktioniert«, setzte sein Kamerad hinzu.

»Sehr freundlich«, meinte Cedric, »haben sie euch ausgezogen?«

»Mich schon«, sagte der erste, »sie dachten, ich bliebe da ...«

»Und mich neckten sie ein bißchen, weil ich nach Kieran Nugent gerufen habe«, warf unser zweiter Junge ein. »Das war, nachdem sie uns den Fraß gegeben haben. Das war die reinste Scheiße, alte kalte Kartoffeln. Ich bin rüber ans Fenster und habe versucht, nach Kieran zu rufen. Sie halten ihn in Einzelhaft. Ich habe nur geschrien, damit er weiß, daß jemand von uns da ist. Da kam der Wärter zum Fenster, ganz schön sauer, und sagte mir, nach dem Einschließen würde nicht mehr geredet, und wenn er mich noch mal am Fenster erwischt, steckt er mich in eine Zelle, in der mich niemand hört. Das war ein reichlich beschränkter Kerl. Kieran Nugent hat mich sowieso nicht gehört, zumindest hat er mir nicht geantwortet. Aber ich wollte mein Glück mit den Wärtern nicht erzwingen.«

»Ah, ich kenne die Sorte«, brummte Cedric. »Wie lange warst du drin?«

»Nur bis halb sieben am anderen Morgen. Da müssen sie gemerkt haben, daß ich hierher komme, denn sie haben mich raus auf den Gang gebracht. Nur ein Wärter. Ein richtiger Witzbold. Er gab mir eine Bibel und nahm mir meine Schuhe weg.« Er nickte zu seinem Kameraden hinüber. »Da hab' ich dich gesehen. Du hattest nur eine Decke um.«

»Aye«, sagte unser gepeinigter Kamerad, »sie ließen uns nicht miteinander reden.«

»Anschließend wurde ich für ein paar Stunden in eine Zelle gesperrt«, schloß der erste Mann.

»Du bist heil davongekommen«, sagte Cedric, »aber wie erging's dir?«

Wir alle wandten uns dem Burschen zu, der sich hatte ausziehen müssen.

»Mir hat man gesagt, ich käme hierher, aber ungefähr eine halbe Stunde später kam ein anderer Wärter rein und fragte mich, ob nach dem ersten Mai irgendwelche Anklagen gegen mich gelaufen wären. Ich sagte ihm, vom zweiten Juli bis fünfzehnten März sei eine Klage gegen mich gelaufen wegen Mitgliedschaft in der IRA, und da sagte er, ich hätte meinen Status verloren.«

»Eine Art Kalenderjustiz«, spöttelte Cedric. »Gott sei Dank hat man mich geschnappt, bevor wir Kriminelle wurden. Ich bin nur ein paar Monate an einer Verbrecherexistenz vorbeigeschrammt, weißt du.«

»Also, nachdem man mir gesagt hat, ich hätte meinen Status eingebüßt, ging der erste Wärter weg und kam mit einem anderen zurück. Sie schleppten Gefängniskluft an. Einer von den beiden sagte, ich solle sie anziehen. Ich sagte, ich würde das Zeug auf keinen Fall anziehen. Wir gerieten ein wenig aneinander, weil er darauf bestand, ich solle ihn ›Sir‹ nennen, und er brüllte ein bißchen herum, ihm würde meine Einstellung nicht gefallen. Natürlich nannte ich ihn nicht ›Sir‹ ...«

»Hardliner.« Cedric grinste.

»... und der andere Wärter packte mich am Hals. Er sagte mir, ich hätte die Wahl. Ich könnte die Kluft anziehen und acht Jahre absitzen, einmal in der Woche Besuch bekommen und in der Nacht meine eigenen Kleider anziehen. Oder ich könnte mich ausziehen, mir eine Decke umhängen, keine Besuche bekommen und sechzehn Jahre absitzen. Ich verlangte, mit dem Direktor zu sprechen, und sie antworteten, wenn ich ein guter Junge wäre, dürfte ich morgen ein Gesuch einreichen und darum bitten, den Direktor, einen Priester oder einen Arzt sehen zu dürfen.«

»Hilfsbereite Burschen«, meinte Cedric.

»Dann mußte ich mich ausziehen. Als ich fertig war, gaben sie mir eine Decke und ließen mich allein, meine Kleider nahmen sie mit. Ungefähr eine halbe Stunde später steckten sie mich in eine andere Zelle. Sie nahmen die Matratze und das Bettzeug mit. Die Zelle war sehr kalt. Ich konnte mich nur ein bißchen aufwärmen, indem ich auf und ab ging. Und dann verlegten sie mich wieder.«

»Auch eine Art republikanischer Bewegung«, sagte Cedric.

»Bald darauf kam wieder ein anderer Wärter und fragte, wo meine Kleider seien. Ich glaube, sie haben gemerkt, daß sie einen Fehler gemacht haben. Ich sagte, ich hätte keine Ahnung, und fort war er. Ein wenig später warfen sie mir mein Zeug rein, und kurz darauf brachten sie mich her.«

»Also warst du ein politischer Gefangener, dann ein Krimineller, und dann wieder ein politischer Gefangener«, sagte Cedric nachdenklich. »Komisch, wie sie das bewerkstelligen.«

»Oh, am Donnerstag abend sah ich einen von den sechsen, die sie im Ritz geschnappt haben. Er sagte mir, die Wärter würden sie fertigmachen. Und ungefähr sechzehn Untersuchungshäftlinge kamen aus dem Crum, gerade, als ich ging.«

»Hat einer von euch Kieran Nugent gesehen?« erkundigte ich mich.

»Nein, ich habe auch kein Wort über ihn gehört«, sagte der Erste.

»Und was ist mit dir?« fragte Cedric. »Hast du was von Nugent gehört oder gesehen?«

»Nichts«, sagte der Zweite. »Sie haben ihn isoliert. Ich glaube, kein Mensch bekommt ihn zu Gesicht. Das ist ein großes Gebäude, verstehst du. Da kann ein Mensch drin sein, und du wirst nie erfahren, was mit ihm passiert.«

# Der Zwölfte

Wir saßen an unserem Stammplatz bei der Duschbaracke. Cedric hatte mit Erfolg jegliche Konversation im Keim erstickt: Den ganzen Nachmittag lang hatte er überflüssige Informationshäppchen ausgespuckt, jedesmal widersprochen, sobald ein anderer etwas sagte, und das Thema an sich gerissen. Wenn er sich so benimmt, halten wir im allgemeinen den Mund und warten, daß er sich verzieht. Aber er machte nicht die geringsten Anstalten zu gehen, und so saßen wir schweigend beisammen.

Draußen auf der Blairis Cemetery Road marterte sich ein Orangist das Hirn mit seiner Lambeg-Trommel. Egbert fühlte sich dadurch anscheinend angeregt, unserer Zusammenkunft, bei der wir bisher nur stumme Beisitzer waren, eine neue Wendung zu geben.

»Kennt ihr schon das Gedicht von Seamus Heaney über die Trommeln der Orangisten?« Konfrontiert mit der Beredsamkeit unseres gesammelten Schweigens, räusperte er sich. »Hört's euch an:

*Vor seinem Bauch ein fester Ballon, die Lambeg-Trommel*
*Erdrückt ihn fast. Ein bleierner Donnerschlag*
*Zwischen Kinn und Knien. Was ihn fast in die Knie zwingt,*
*Läßt ihn erhaben sich fühlen.*

*Zwei hölzerne Schlegel verlängern die Arme,*
*Die Männlein marschier'n hinterher. Die Menge weicht*
*voller Ehrfurcht zurück, doch die Trommeln, sie dominieren,*
*monströs wie Tumore riesenhaft.*

*In jedem wohlgesonnenen Ohr, kundig vor lauter Gier,*
*Hämmert und hämmert die Parole »Papst weg«.*
*Die Ziegenfelle sind manchmal blutbefleckt.*
*Die Luft vibriert wie der hämmernde Puls in einem Stethoskop.*

Wie gefällt euch das, ha?« Egbert blickte lächelnd in die Runde. »Das ist doch sehr gut, oder etwa nicht?«

Cedric grinste uns verächtlich an. Sein Hohn galt gleichzeitig Heaney und dem Hämmern der Lambeg, das sich unablässig seinen Weg durch Long Kesh bahnte, und natürlich Egbert. »Sie nehmen Schweinehaut, kein Ziegenfell«, erwiderte er scharf. »So ein alter Kerl in der Sandy Row fertigt sie an.

Ich hab' sie oft beim Trommeln beobachtet. An einem Abend am Elften ging ich die ganze Shankill Road runter.« Angesichts unseres amüsierten und zugleich zweifelnden Grinsens verstummte er kurz. »Nawh ... Es war wohl vor den Unruhen. Ungefähr 1965. Damals war es dort absolut sicher.«

»Deshalb bin ich hier.« Nun war es an Egbert zu spotten. »Das hat er zu mir gesagt, als er mich losschickte. ›Eine leichte Sache‹, hat er zu mir gesagt. ›Absolut sicher‹, hat er gesagt. Nur schade, daß er das nicht auch dem Richter gesagt hat.«

Wir lachten, weil Cedric so aufgebracht war, daß es ihm die Sprache verschlug und er Egbert nur wütend anfunkelte. Draußen setzte die Lambeg ihr stures Getrommel fort.

»Ich habe gehört, daß die Loyalisten in ihren Lagern am Zwölften eine Parade veranstalten«, warf ich ein, denn ich fürchtete, Egbert und Cedric könnten ansonsten in ihrem Schweigen verharren. »Sie haben Holz und alles Notwendige für die Nacht vom Elften auf den Zwölften in ihrem Lager zusammengetragen. Das wird ein netter *craic*.«

»Aye«, sagte Egbert, »sicher ein toller *craic*! Ich weiß noch, damals, als wir unten in der Grosvenor Road wohnten, waren alle meine Kumpels Orangisten. Ich bin mit ihnen Holz und anderes Zeug für die Freudenfeuer am Zwölften sammeln gegangen.«

»Das überrascht mich nicht«, schnaubte Cedric. »Du gehörst doch zu denen, die die Suppe genommen haben.«

»Pfui.« Your Man lachte. »Das geht doch ein bißchen unter die Gürtellinie.«

»Was meinst du denn damit?« fragte ich und schob den Rücken an der Wand der Duschbaracke ein wenig höher, um etwas aus der Sonne zu kommen und mehr Schatten zu haben. »Was soll das heißen, ›die, die Suppe genommen haben‹?«

»Die haben ihre *Os* für ein paar Pennys verkauft und ihre *Macs* für ein Stückchen faserigen Speck«, erläuterte Cedric.

»Er will damit sagen, wir hätten unsere Namen für eine Schüssel Suppe und eine Scheibe hartes Brot anglisiert. Das ist so seine Vorstellung von einem Scherz«, ließ sich Egbert vernehmen.

»Ah, mach dir nichts draus«, tröstete ihn Your Man. »Er hält sich eben für einen Nachfahren der alten irischen Könige.«

»Das bin ich auch. Ein Nachfahre des Königs von Ulster.«

»Und dann trägst du einen Namen wie Cedric?« forderte ihn Egbert heraus.

Wir anderen schmunzelten. Draußen vor dem Lager in der Cemetery Road setzte die Lambeg ihr dumpfes Stakkato fort.

»Wir in Irland brauchen jedenfalls ein Ulster mit zweiunddreißig Grafschaften«, behauptete Your Man. Cedric schaute ihn verdutzt an.

»Wißt ihr, was die wichtigste Folge der Schlacht am Boyne war?« fragte er nach einer Weile.

»Keine Absprachen untereinander, ihr habt zwanzig Sekunden Zeit zur Antwort«, parodierte Egbert. »Einverstanden, Magnus?«

Cedric funkelte ihn an. »Okay, ein Brain-Trust«, sagte er spöttisch.

»Damit hat es folgendes auf sich. Im Anschluß an die Schlacht am Boyne wurde das alte gälische System endgültig in die Knie gezwungen, und der protestantische Einfluß verfestigte sich aufgrund der Unterdrückung und Ausbeutung aller anderen«, fuhr er fort. »Ihr glaubt vielleicht, am Boyne und am Zwölften geht es um Religion. Aber das stimmt nicht: Es geht nur um Macht.«

»In Wahrheit war es der Erste, müßt ihr wissen«, fiel ihm Egbert ins Wort. »Der Zwölfte ereignete sich am Ersten. Ich will damit sagen, die Schlacht am Boyne fand am ersten Juli statt, nicht am zwölften.«

»Den Orangisten gefällt der Zwölfte besser. Das Datum paßt besser in die Ferien«, meinte Your Man grinsend.

»Sie wissen ja nicht mal, was sie da eigentlich feiern.« Cedric feixte. »Wußtet ihr, daß der Papst König Billy unterstützt hat?«

Er blickte uns der Reihe nach an. Your Man reichte eine Tabaksdose herum. Während wir unsere Selbstgedrehten rollten, übertönte der Lärm vom Essenwagen, der seine Fuhre voller Köstlichkeiten am Lagertor ablud, sogar das Getöse der Lambeg-Trommel.

»Wir hätten mal wieder richtig Appetit auf ein bißchen Hausmannskost«, riefen Big Marshall und Cleaky zu uns rüber, die gerade zum Tor schlenderten, um die Tagesrationen abzuholen. »Hat einer von euch heute ein Päckchen gekriegt?«

»Nawh«, antwortete Your Man und blickte, gegen die Sonne blinzelnd, zu den beiden hinüber. Dann sah er wieder Cedric an. »Die beiden sind immer am Schnorren«, brummte er.

Cedric ließ sich von der Störung nicht beeindrucken. Er nahm einen tiefen Zug von seiner Zigarette und setzte unbeirrt seinen Bericht fort.

»König Billy und der Papst standen gegen König Jakob und den König von Frankreich. Der Papst ersetzte dem guten Billy einen Teil seiner Unkosten, und als die Nachricht von seinem Sieg am Boyne Rom erreichte, wurde im Vatikan ein Tedeum gesungen. Auch in anderen großen katholischen Städten wurde der Sieg gefeiert.«

Wieder blickte Cedric prüfend in die Runde. »Hört mal, Jungs, wenn ihr mir nicht glaubt, ihr könnt das in jedem halbwegs passablen Geschichtsbuch nachlesen.«

»Er hat recht«, pflichtete ihm Egbert zu unserer Überraschung bei. »Er hat einmal genau ins Schwarze getroffen. Das genau ist passiert.«

Cedric schielte ihn mißtrauisch an. »Aye, aber weißt du auch, warum?«

Bevor irgend jemand antworten konnte, fuhr er fort: »Papst Innozenz ...«

»Irgendein Verwandter von Paddy Innocent in der Barackenhälfte?« Egbert kicherte.

»Papst Innozenz«, wiederholte Cedric und legte nur eine leichte Schärfe in seine Stimme, »Papst Innozenz hat den Oranier Wilhelm gegen Jakob unterstützt, nachdem das englische Parlament Jakob an die Luft gesetzt und Wilhelm zur Übernahme seines Jobs aufgefordert hatte. Jakob tat sich daraufhin mit dem König von Frankreich zusammen, weil er versuchen wollte, seinen Thron zurückzuerobern, und um diesen Thron kämpften er und Wilhelm in Irland. Der Papst und die anderen wollten im Grunde nur dem mächtigen Frankreich einen Dämpfer versetzen.«

»Dieser ganze Geschichtskram ist ein bißchen langweilig.« Your Man gähnte.

»Das liegt nur daran, wie er es erzählt«, erklärte Egbert.

»Glaubt ihr wirklich, dieser Idiot, der da draußen auf seine Trommel eindrischt, weiß das alles vom Papst und König Billy?« meinte Your Man nachdenklich.

»Nawh. Ehrlich gesagt, ich wußte es auch nicht. Du wußtest es doch vermutlich auch nicht, oder?«

Your Man bekundete seine Unkenntnis mit einem Nicken. Draußen vor dem Lager trommelte die Lambeg ihr rat-a-tat, rat-a-tat, rat-a-tat. Your Man pfiff im Rhythmus mit. »Aber ich bin ja auch kein Orangist, oder?« sagte er schließlich.

»Das ist keine Entschuldigung dafür, daß du deine eigene Geschichte nicht kennst«, dozierte Cedric wie ein Professor. »Kein Wunder, daß in diesem Land solche Zustände herrschen.«

»Awh, faß dich an die eigene Nase«, zischte Egbert.

»Schon gut«, brummte Your Man. »Ich bin sein Gegeifer gewöhnt.«

»Immer langsam, immer schön langsam«, beschwichtigte ich, »immer mit der Ruhe. Der Tag ist zu schön, als daß man streiten sollte.«

»Der Ansicht bin ich auch«, behauptete Cedric hochmütig. »Ihr solltet alle ein bißchen gelassener sein.«

»Leck mich am Arsch«, versetzte Egbert.

»Ach, hört schon auf.« Your Man versuchte, die Wogen zu glätten.

»Was ich sagen wollte«, begann Cedric erneut, »also, was ich noch sagen wollte: Nach Boyne – der großen Allianz zwischen König Billy und dem Papst – sind sämtliche Religionen außer der Episkopalkirche verboten worden.«

»Du machst Witze. Du nimmst uns auf den Arm«, rief Egbert ungläubig.

»Und damit nicht genug«, fuhr Cedric unbeirrt fort, »als die Engländer den Vertrag von Limerick brachen, bedeutete das das Ende der Religionstoleranz. Ihr seid übrigens gute Beispiele für diese Art von Intoleranz.« Er erhob sich. »Ihr könnt mich mal.« Er war eingeschnappt.

»Ach, komm schon«, baten ihn Your Man und ich. »Setz dich, sei nicht sauer. Setz dich und genieße die Sonne.«

»Aye, setz dich, Kamerad«, sagte Egbert, wenn auch widerwillig. Cedric zögerte, schließlich setzte er sich langsam und merklich verdrossen.

»Keine Kapitulation«, zischte Egbert. »Ich weiche keinen Zentimeter«, flüsterte er angewidert. »Auf dich ist soviel Verlaß wie auf das Eis einer Nacht.«

»Cedric, erzähl weiter, los, erzähl deine Geschichte weiter«, warf Your Man hastig und voller Großmut ein.

Cedric hob erneut an. Egbert seufzte. Ich verzog mich ein wenig weiter in den Schatten der Duschbaracke. Your Man streckte sich auf dem geteerten Weg aus. Draußen vor dem Lager auf der Blairis Cemetery Road setzte die Lambeg ihre monotone Musik fort, und Cedric erzählte, und das Getrommel ging weiter, und der Klang von Cedrics Stimme und der Rhythmus der Trommel gingen weiter. Und weiter. Und weiter. Und weiter.

# Höllenhund

Your Man hatte Heimweh.

»Wie viele Bushaltestellen gibt es zwischen der Castle Street und dem Casement Park auf der linken Seite der Falls Road?« fragte er.

»Das ist vielleicht eine raffinierte Frage«, antwortete Cedric. »Der Casement Park liegt an der Andersonstown Road, nicht an der Falls.«

Your Man stimmte das nicht froh. Er lag auf dem unteren Bett. Alte Hasen nehmen immer die untere Koje; damit sie nicht naß werden, wenn das Dach leckt. Wenn allerdings der Typ im oberen Bett leckt, sieht die Sache wieder anders aus. Cedric lag auf dem oberen Bett und, wie schon gesagt, seine Antwort stimmte Your Man nicht gerade froh.

»Du weißt genau, was ich meine. Hör auf rumzustänkern.«

»Woher soll ich wissen, was du meinst, wenn du nicht meinst, was du sagst?«

»Immer mit der Ruhe«, mischte sich Egbert ein. »Müßt ihr beide euch andauernd in die Haare geraten? So gehen Kameraden nicht miteinander um.«

»Ach, ich bin schon ganz krank von dem seiner ewigen Rumhackerei auf mir«, murmelte Your Man, zog die Decke über den Kopf und klinkte sich aus der Unterhaltung aus.

»Der spinnt doch«, erwiderte Cedric. »Erwartet der allen Ernstes von mir, daß ich alle Bushaltestellen auf der Falls Road aufzähle. Er glaubt wohl, ich bin nicht ganz dicht.«

»Weißt du«, sagte Egbert, »der beste Bus auf der ganzen Welt war der letzte Bus am Samstagabend die Whiterock Road rauf.«

»Der Elfer!« Schlagartig verschwand die Decke von Your Mans Gesicht. »Aye, im letzten Bus spielte sich das ganze Leben ab.«

Egbert setzte sich auf den Rand von Your Mans Bett. »Man konnte eine gemeinsame Singerei erleben, eine Schlägerei und einen Umtrunk, und all das während einer Fahrt. Er war dauernd überfüllt. Manchmal dachte ich, der Bus schafft die Steigung zum Whiterock-Hügel nicht, so viele Menschen schwankten in diesem Bus von einer Seite auf die andere. Aye, das waren noch Zeiten. Der Heimweg von der Endhaltestelle durch Murph ...«

»Ich bin nachts nie durch Murph gegangen«, unterbrach ihn Your Man. »Nicht, nachdem Herbos Hund umgebracht wurde.«

»Ah, das hat mir kein Kopfzerbrechen gemacht. Ich hab' ihn eines Abends gesehen; gehört hab' ich ihn auch.«

Alle schwiegen, jeder hing seinen Gedanken nach.

»Nun sagt schon!« platzte Cedric heraus. »Was war mit Herbos Hund? Wer ist denn Herbo überhaupt?«

»Herbo?« Your Man setzte sich auf seinem Bett auf. »Herbo war ein Nachbar von mir. Ein feiner Kerl. Er hatte einen Hund; der Hund hieß Bo. Damals bekamen Hunde immer die gleichen Nachnamen wie ihre Herren, verstehst du: Snowie McKenna, Patch Gibney, Rover Burns, Spot MacStravick, Rhubarb Hartley. Und in diesem Fall eben Bo Gibson. Wahrscheinlich ist das heute noch genauso«, sinnierte er. »Egal, jedenfalls war Herbo während der Unruhen in Ballymurphy immer mittendrin, wie wir anderen auch, und sein Hund war immer bei ihm.«

»Dieser Hund hatte vor gar nichts Angst«, erklärte Egbert. »Er haßte die Briten. Ich habe oft gesehen, daß sie ihn getreten haben, trotzdem ging er immer wieder auf sie los.«

»Das war wohl ein richtiger Patriot«, meinte Cedric.

»Nawh, das war 'ne richtige Promenadenmischung.«

»Ein richtiger Draufgänger, könnte man sagen«, fuhr Your Man fort. »Eines Tages war ein gewaltiger Aufruhr im Divismore Park vor den britischen Kasernen an der Taggart. Irgend jemand warf eine Nagelbombe. Sie landete genau vor den Füßen der britischen Bereitschaftspolizei. Bo war wie üblich mit dabei. Er sah die Nagelbombe, hob sie auf und rannte mit seiner Beute im Maul so glücklich, wie ein Hanswurst nur sein kann, und mit wedelndem Schwanz in Richtung Herbo.«

»Ihr habt noch nie eine Menschenmenge gesehen, die so schnell auseinanderstob«, warf Egbert aufgeregt ein. »Bo durchschnitt sie wie ein Messer die Butter. Ich sah nur noch Leute, die über Hecken sprangen, über Gartenwege davonliefen, über Zäune kletterten.«

»Und Herbo sauste wie der Blitz die Glenalina Road hinauf, der Hund in wilder Jagd hinter ihm her«, sagte Your Man traurig. »Als letztes habe ich von Bo nur noch gesehen, wie er um die Ecke des Divismore Park verschwand. Herbo schrie: ›Laß sie fallen, Bo! Laß sie fallen!‹«

»Dann explodierte das Nagelding«, seufzte Egbert, »und das war Bos Ende. Spät am Abend begruben wir ihn in Herbos Garten hinter dem Haus. Die Nachbarskinder gaben ihm das Ehrengeleit. Und Herbo: Herbo war ein großer Imitator. Er konnte hervorragend den Klang einer Trompete nachahmen – er hat während des Aufruhrs zum Vorrücken und zum Rückzug geblasen. An dem Abend blies er bei Bos Begräbnis den Zapfenstreich. Es war wirklich sehr traurig. Er war ein großartiger Hund.«

»Darum bin ich spätabends nicht durch die Straßen gelaufen. Man sagt, man hört Bo heulen – richtig gespenstische Laute –, bevor jemand aus Murph getötet wird«, sagte Your Man.

»Ach, das ist ein Haufen Mist. Das sagen die Leute in Ballymurphy zu ihren Kindern, damit sie schlafen gehen. Du solltest gar nicht auf einen solchen Schwachsinn hören«, schalt Egbert.

»Du weißt, die Brits haben Bos Leichnam ausgegraben und in die Gerichtsmedizin gebracht«, antwortete Your Man.

»Oh, nein, das wußte ich nicht.«

»Aye. Das gleiche ist mit unserer Katze passiert. Sie ...«

An dieser Stelle ging ich. Es ist immer das gleiche, wenn Your Man unter Heimweh leidet. Dann geht das Gerede los. Aber das mit Bo Gibson stimmt. Ich war selbst dabei. Und ich bin sicher, Sie ahnen den wahren Grund, warum Your Man spätabends nicht durch Murph gehen will. Nein? Also ...

Nawh, besser nicht. Schlafende Hunde soll man nicht wecken.

# Erinnerung an einen Igel

Auf Huskey's Field stand einmal ein großes Haus. Vor ewigen Zeiten war es vermutlich mal das Pfarrhaus, aber alle in Ballymurphy nannten es nur Huskey's. Von der Springfield Road führte eine lange Allee bis zum Eingang, und auf einem Trampelpfad gelangte man seitlich vom Haus zum Fluß, der vom Rock Dam kam. Vor langer Zeit wohnten vermutlich die Eigentümer des Dammes und der Flachsfabrik dazu in dem großen Haus. Vielleicht kannte Huskey ihre Geschichte, aber niemand machte sich die Mühe, ihn zu fragen. Als aus dem großen Haus eine Schule wurde, wurde er dort Hausmeister, und als man später daraus ein Behelfskrankenhaus machte, brachte ihm das einen weißen Kittel und einen Ruf ein, den er wahrscheinlich nicht verdiente.

Auf Huskey's Field standen Kastanienbäume, und noch so viele »Betreten bei Strafe verboten«-Schilder konnten uns nicht davon abhalten, die Kastanien von dort zu holen. Diese Schilder hinderten uns auch nicht daran, dort Ralioh zu spielen, Feuer anzuzünden oder Holz für den 15. August zu schlagen. Der gepflasterte Hof unterhalb von Huskey's wiederum übte eine eigene Faszination aus. Pithead, hinter der Beechmount, unterstand der Herrschaft einer Gang aus Westrock (Tintown). Rivalisierende Gangs aus Rock und Murph leisteten beständig, wenn auch unorthodox Widerstand gegen die Übermacht der Gang aus Tintown, während Durango, eine weiße Maus von der Royal Ulster Constabulary, sich unterschiedslos mit allen anlegte, wenn er die Kämpfer jagte, die oft auf gestohlenen Zigeunerponys die Flucht ergriffen, wenn diese außerhalb ihres Areals herumstreunten.

Montags, mittwochs und freitags bildeten sich lange Schlangen bei Huskey's, wenn die Leute um Lebertran, Orangensaft und Milchmarken anstanden. Sie waren aus Ballymurphy und kamen über die kleine Brücke beim Divismore Park und die Kastanienallee herauf. Proteste der Bevölkerung führten zum Bau eines neuen Krankenhauses an der Springfield Road, neben dem Eingang zur langen

Allee. Es dauerte auch nicht lang, da kamen Arbeiter und fällten die Kastanienbäume. Der Fluß wurde verrohrt, und es kursierten Gerüchte, auf Huskey's würden neue Kasernen der Royal Ulster Constabulary gebaut. Es wurden jedoch keine RUC-Kasernen gebaut; es wurde Springhill gebaut. Ein paar Lagerhäuser schoben sich langsam von der gegenüberliegenden Whiterock Orange Hall heran und umschlossen Pithead. Als Currys Holzplatz weiter vorrückte, wuchs das neue Wohngebiet aus dem Schutt und dem braunen Dreck von Huskey's Field. Graue, kasernenähnliche Häuser nahmen die Stelle der Kastanienbäume ein. Die Erinnerung an die Allee, von deren Existenz nichts mehr zu ahnen war, lebte im Namen der Springhill Avenue weiter; die Springhill Avenue war die einzige Straße in diesem Kaninchenbau mit seinem Gewirr aus Eingängen und Gassen, die die Bezeichnung Straße verdiente.

Diese Gedanken gingen mir durch den Kopf, als ich 1971 die Whiterock hinunter in Richtung Ballymurphy ging. Es war ungefähr ein Uhr früh. Die Fallschirmjäger hatten in dieser Gegend ihre Garnison, aber normalerweise bekamen wir von den dort wohnenden Leuten zahlreiche Hinweise darüber, wo sie sich gerade herumtrieben, so daß ich recht gelöst dahinschlenderte und meine Gedanken wandern ließ. Am Westrock Drive bemerkte ich ein kleines Bündel, das sich eng an den Randstein der Straße schmiegte. Sie werden es kaum glauben, aber ein paar Sekunden später kniete ich auf der Straße, von Angesicht zu Angesicht einem ... einem Igel gegenüber. Ich war schrecklich aufgeregt, denn ich hatte noch nie einen richtigen lebendigen Igel gesehen. Ich zog meinen Anorak aus, und ganz vorsichtig, damit ich ja nicht gebissen oder, noch schlimmer, von einem seiner Stacheln durchbohrt wurde, schob ich den Igel unter den schützenden Stoff und steuerte einen sicheren Zufluchtsort an. Am nächsten gelegen und damit am sinnvollsten war das Haus von Bridget. Ich ging durch die Höfe und Gärten, da entlang, wo früher einmal die Kastanienbäume gestanden hatten, und Huskey's Field schien auf einmal nicht mehr unerreichbar weit entfernt zu sein – trotz allem, was sie dem Ort angetan hatten.

Zu meiner Bestürzung teilte kein Mensch bei Bridget meine Aufregung. Sie kannten mich lange genug und hatten mich stets geduldig ertragen und waren über mein Kommen auch nicht weiter überrascht, als ich in Hemdsärmeln und mit einem in meine Jacke eingewickelten notleidenden Igel mitten in ihr Treffen platzte. Aber sie waren nicht unbedingt erfreut. Bridget sagte irgendwas von Flöhen, als ich meinen stachligen Freund auf ihr Sofa setzte; nur Dorothy, die Tochter des Hauses, interessierte sich überhaupt für meine Geschichte. Bridgets Haus – in Wahrheit ein Bungalow aus Aluminium – war eines der Häuser, in denen sich die Nachbarn zu einem spätabendlichen Bingo trafen und um ein bißchen *craic* zu haben. Ich hatte ihr Vergnügen unterbrochen, und dafür mußte ich büßen.

»Was willst du mit ihm machen?« erkundigte sich ein Mädchen, das ich, nebenbei bemerkt, später geheiratet habe.

»Ich werde ihn freilassen«, verkündete ich.

»Wenn dich die Paras erwischen, macht sich das bestimmt sehr gut in deinen Papieren«, warf Bridget ein. »Die Anklage wird auf Besitz eines Igels lauten.« Die Nachbarn lachten, ich lief rot an, und der Igel rollte sich noch enger zusammen.

»Na ja, irgendwas muß ich schließlich mit ihm machen«, sagte ich ein wenig lahm.

»Du kannst ihn nicht hierlassen«, schimpfte Bridget, »so ein schmutziges Vieh. Wirf ihn über die Mauer am Corrigan Park. Von dort ist er wahrscheinlich auch hergekommen.«

»Die Brits sind nachts im Corrigan«, mahnte Dorothy. »Seht doch, er streckt sich aus!« rief sie plötzlich.

Und es stimmte. Eine kleine, feuchte, ferkelartige Schnauze und zwei klare, intelligente Augen waren aus dem stachligen Bündel auf dem Sofa aufgetaucht. Der Igel schien sich inzwischen an die Wärme in Bridgets Vorderzimmer gewöhnt zu haben.

»Er macht es sich gemütlich«, behauptete jemand.

»Können wir jetzt mit unserem Spiel weitermachen?« meckerte ein etwas griesgrämiger Nachbar. »Bring ihn raus, damit wir endlich mit unserem Bingo weitermachen können.«

»Komm mit nach hinten«, sagte Dorothy leise zu mir. »Da, du trägst ihn.« Wir gingen nach hinten.

»Ich dreh' noch durch«, jammerte ich. »Dauernd stecke ich in Schwierigkeiten. Was soll ich bloß machen?«

»Bring ihn zu Riddel's Field. Ich halte die Augen offen wegen der Brits, aber es dauert sowieso nur eine Minute. Wir sind wieder zurück, bevor Mama überhaupt merkt, daß wir weg gewesen sind«, flüsterte Dorothy aufgeregt. »Komm schon, wenn wir ihn nicht in Sicherheit bringen, reißen ihn die Hunde in Stücke. Es hat doch keinen Zweck, wenn du hier mit einem langen Gesicht herumsitzt. Ich mache die Lichter aus, dann können wir uns rausschleichen.« Und so schlichen wir uns hinaus.

Wir gingen den Weg zurück, den ich kurz zuvor gekommen war, vorbei an den Bungalows und in die Rock, wo wir für ein paar Minuten bei Mrs. Crowe's reinschauten, dann wieder weiter; Dorothy wachsam, um uns die Briten vom Hals zu halten, und ich nervös in den jetzt verlassenen Straßen mit den dunklen schlafenden Häusern. Weiter bis Giant's Foot. Eine Minute später stieg ich durch die Lücke in der Mauer und setzte den Igel mitten in das Gestrüpp am Wiesenrand. Ein wenig atemlos kehrte ich zu Dorothy zurück, und gemeinsam eilten wir zum Haus ihrer Mutter. Die Aufregung war vorüber, der Weg nach Hause schien länger und das Unternehmen verrückter zu werden mit jedem Schatten, an dem wir vorbeikamen. »Wenn ich erwischt werde, bring ich dich um, Kleine«, zischte ich.

»Du bist echt gut«, antwortete sie lachend. »Du hast dauernd was zu mosern. Du wolltest doch nicht, daß dein dummer Igel umgebracht wird, oder? Bitte, hier sind wir, wieder zu Hause. Ich habe dir doch gesagt, es ist nichts dabei. Bestimmt haben sie uns noch nicht mal vermißt.«

So war es. Wir sagten ihnen, wo wir gerade waren, aber sie meinten nur, wir seien dumm, und damit hatten sie natürlich recht. Sich wegen eines Igels schnappen zu lassen, wäre wahrhaftig eine Meisterleistung an Strohdummheit gewesen. Zumindest dachte ich das. Dorothy nicht. Sie bestand darauf, es sei richtig gewesen. »Immerhin«, betonte sie eifrig, »konntest du doch das arme kleine Ding nicht sterben lassen, oder?«

Ein paar Monate später starb Dorothy. Sie und ihre ältere Schwester Maura waren auf einer Party und erfuhren dort von einer Razzia der Briten in der Falls. Sofort machten sie sich mit dem Auto eines Freundes auf den Weg dorthin, um die Leute zu warnen. Eine britische Patrouille eröffnete das Feuer auf den Wagen und tötete die beiden Schwestern. Es war früh am Morgen; ein Morgen wie der, an dem wir den Igel in Sicherheit gebracht hatten. Dorothy, in der Nähe von Huskey's Field aufgewachsen, war der erste freiwilige Soldat der *Cumann na mBan*, der von britischen Truppen getötet wurde. Bridget Maguire verlor ihre beiden Töchter, ich und das Mädchen, das ich später heiratete, verloren eine Freundin.

Jedesmal, wenn ich an Huskey's Field, an Westrock, Murph, Springhill, Giant's Foot oder Igel denke, denke ich an Dorothy. Sie war neunzehn. Nächsten Monat ist sie seit fünf Jahren tot. Kaum zu glauben, daß es schon so lange her ist. Merkwürdig, wie Long Kesh solche Erinnerungen schärft, oder?

*Dorothy Maguire und Maura Meehan wurden am 23.10.1971 von der britischen Armee erschossen.*

# Tauben

Alles begann im Juni. Eine Taube landete auf dem Barakkendach, als wir in Lager Vier waren. Cricky, Dicky und Johnny scheuchten sie vom Dach herunter, sie ließ sich auf dem Boden zwischen den Baracken nieder. Die Jungs drängten sie in eine Ecke, und mit großer Geschicklichkeit bekamen sie die Taube zu fassen. Sie war erschöpft, hungrig und in schlechter Verfassung, deshalb bauten sie ihr einen kleinen Kasten, hielten sie warm, fütterten und pflegten sie, bis sie wieder gesund und bei Kräften war. Bis zu dieser Zeit war für mich eine Taube nur eine Taube. Nun kam ich dahinter, daß es Tauben gibt und... nun ja, Tauben.

Diese kranke Taube war eine Taubendame, ein dunkel gemustertes Weibchen. Weil sie eine Zeitlang nicht ganz auf der Höhe war, ging ich immer wieder mal kurz zu Johnnys Spind und warf einen Blick auf sie. Johnny hatte nichts dagegen, Cricky schon gar nicht – er platzte fast vor Informationsdrang –, und Dicky machte Tee. Bald lernte ich die verschiedensten Dinge über Tauben im allgemeinen und dieses dunkel gemusterte Weibchen im besonderen.

Ein paar Wochen später zogen wir und unsere gefiederte Freundin aus Lager Vier weg. Wir waren erst kurze Zeit wieder in diesem Lager, als eine zweite Taube ankam. Sie flog in ein Waschhaus in einem anderen Lager, und die Jungs dort gaben sie weiter an Cricky, Dicky und Johnny. Groß war das Interesse, als wir und unser dunkel gemustertes Weibchen entdeckten, daß die Neue keine ordinäre Taube war. Es handelte sich vielmehr um einen Taubenherrn; einen Täuberich, einen rot gefiederten obendrein. Die Sache spitzte sich zu, denn nach einem guten Essen, einem Drink und jeder Menge Ruhe ließ er uns bald wissen, daß wir uns fortan in Gesellschaft einer werdenden Taubenmama und eines werdenden Taubenpapas befanden.

Der Kasten war nicht mehr groß genug, deshalb wurde der Bau eines Verschlags beschlossen. Die Jungs machten sich an die Arbeit, und bald hatten wir einen prima kleinen Taubenschlag in der Ecke der Arbeitsbaracke. Die beiden Tauben kamen hinein und wurden rasch heimisch. Die

Arbeitsbaracke dient, nebenbei bemerkt, als Kapelle, Bibliothek, als Versammlungszentrum für Diskussionen, Vorträge und Stabssitzungen, auch zum Bügeln der Kleider, als Proberaum für unsere heranreifenden Christy Moores und Sean O Riadas, als Rückzugsort bei einer Depression, und natürlich als der Ort, wo ich mich hineinstehle und diese Zeilen schreibe. Die Tauben schien die Geschäftigkeit nicht zu stören. Sie ignorierten wunderliche Bemerkungen neugieriger Geistlicher und veranstalteten bald Ablenkungsmanöver während unserer Vorträge, Diskussionen und Stabsversammlungen.

Die dritte Taube kam bald nach dem Bau des Verschlags. Es war ein bronzefarbenes geschecktes Weibchen, das völlig erledigt auf dem Wachturm direkt vor unserem Lager landete. Cricky, Dicky und Johnny brachten unsere beiden Vögel auf das Dach der Arbeitsbaracke, und das bronzefarbene Weibchen gesellte sich zu ihnen. Nach einer Stunde mit gutem Zureden, Gepfeife und Gegurre gelang es Cricky, sie auf den Boden zu locken und in die Arbeitsbaracke hineinzudrängen. Sämtliche Jungs versammelten sich in und um die Baracke, und nach hartnäckigem Gekrieche, Gescheuche und Geschrei bekamen sie die Taube endlich zu fassen. Der arme verängstigte Vogel befand sich in einem jämmerlichen Zustand, und die Jungs hielten ihn wohlweislich von den anderen Tauben fern. Cricky, Dicky und Johnny glaubten, die Taube würde die Nacht nicht überstehen. Sie blieben auf und versorgten sie mit einer selbsthergestellten Medizin. Am nächsten Morgen war das Tier putzmunter, und die drei erschöpften, aber glücklichen Samariter steckten es zu den anderen Vögeln.

Die vierte Taube traf gegen Ende August ein. Sie landete auf dem Kantinendach und weigerte sich beharrlich, sich auch nur von der Stelle zu bewegen. Nachdem die drei Freunde uns unwissende andere POWs dahingehend informiert hatten, daß es sich hier um nichts weniger als einen weißgrau gefleckten Täuberich handelte, schickten sie das verführerische, ungemein sinnliche dunkel gescheckte Weibchen hinauf, damit sie mal ein Wörtchen mit ihm redete. Nach einer Weile provozierenden Herumstolzierens und Gurrens flog sie zurück auf das Dach unserer Arbeitsbaracke, der einfältige weißgrau gefleckte Täuberich hinter ihr her. Jetzt hatten wir zwei Mamatauben und, wie Sie wohl schon erraten haben, zwei Papatauben.

Das Futter wurde zu einem Problem, denn hier waren weit und breit keine geeigneten Körner aufzutreiben. Aufbauend auf dem Prinzip, daß Hunger der beste Koch ist, behalfen sich die Jungs mit einer Mischung aus Schwarzbrot und Wellensittichfutter. Nach anfänglichem aufgeregtem Herumgetrappel begannen unsere Weibchen und Männchen, die Futtermischung gierig aufzupicken. Bald wurden Pauls Wellensittiche merklich dünner und unsere Tauben sichtlich üppiger. In dieser Verfassung begannen sie zu fliegen. Cricky, Dicky und Johnny koordinierten die Starts und Landungen. Jeden Tag versammelten sich die POWs im Hof, um die Fortschritte der Vögel zu beobachten und ihre Flugkünste zu vergleichen.

Die Vögel, begeistert über ihre interessierten Zuschauer, glitten durch die Luft, drehten sich, stürzten sich herab und flatterten, stiegen erneut empor und kamen wieder herunter. Your Man bemerkte tiefsinnig: »Sie verbrauchen den ganzen Himmel.« Irgendwann fingen sie an wegzufliegen, und bange Stunden folgten, in denen der Horizont abgesucht und über die Horizontlinie hinaus gespäht wurde. Wenn sie müde und zufrieden zurückkehrten, manchmal zusammen, manchmal bummelte eine hinterher, pfiffen Cricky, Dicky und Johnny sie zu sich und stellten ihnen frisches Wasser und frisches Schwarzbrot mit Wellensittichfutter hin. Die Jungs mußten sich auf weiteren Nachwuchs einstellen und bauten Brutkästen in den Taubenschlag. Als sich unsere Vogelkolonie auf acht Vögel vermehrt hatte, putzten und scheuerten Cricky, Dicky und Johnny den Schlag jeden Tag. Die weniger Geduldigen unter uns untersuchten ihn aufgeregt, ob schon Eier oder Anzeichen für kommende Eier zu entdecken waren.

Dann rissen die Wärter den Taubenschlag ab. Es war während einer Razzia, und zum Glück waren die Vögel ausgeflogen, als die Wärter (uns hatten sie sicherheitshalber in der Kantine eingeschlossen) ihr Zuhause zerstörten. Nun fehlte den Tauben der Orientierungspunkt, der sie zurück zu unserem Lager geleitet hatte. Ein paar Tage lang herrschte außerdem schlechtes Wetter, und drei Vögel gingen verloren. Einer, ein junges weißes Täubchen, war ein paar Tage zuvor verschwunden, und so kamen nach der Zerstörung des Schlages nur vier zurück. Der Direktor sagte, wir könnten die Tauben dazu benutzen, Nachrichten zu schicken. Diese idiotische Behauptung wurde von Cricky gleich widerlegt; er erklärte nämlich, wie alle Welt wisse, müsse man Tauben erst wegbringen und woanders freilassen, bevor sie mit einer Botschaft nach Hause zurückfliegen könnten.

Seit dieser Razzia stecken wir einfach ein Brett aus dem Fenster der Arbeitsbaracke; die Tauben fliegen weg, wenn die Wärter zur Razzia erscheinen, und kehren zurück, wenn sie sich wieder verziehen. Letzte Woche bekamen wir ein blau gemustertes Weibchen von Madras Asyl in Lager Zehn, und gestern schickte Lager Dreizehn einen kranken, dunkel gefleckten Täuberich.

Die Tauben sind einfach da, sitzen auf den Tischen, auf dem Bügeleisen, dösen unter den Stühlen und wirken im allgemeinen recht glücklich und zufrieden zwischen den Nippsachen in unserer Arbeitsbaracke. Jeden Morgen fliegen sie weg, fliegen über das Lager hinaus zu einem selbstgewählten Ort. Jeden Abend kehren sie zurück, und trotz des Verlusts ihres Schlages und der damit verbundenen gegenwärtigen Unannehmlichkeiten geht es ihnen gut, denn Cricky, Dicky und Johnny kümmern sich hingebungsvoll um sie. Your Man behauptet sogar, in Wahrheit gehe es ihnen in Lager Elf bei weitem besser als uns, die wir bloß Menschen seien. Cedric ist da völlig anderer Meinung, und Egbert ist das eine wie das andere egal. Solange es keine Lockvögel seien, seien sie ihm willkommen, sagt er, und das ist mehr, als er je zu einem von uns gesagt hat.

# Christen für die Freiheit?

Ich begegnete Bischof Philbin einmal. Er und der Oberboß der Britischen Armee, Tony Dyball, standen im August 1969 auf der einen Seite einer Barrikade Ecke Bread Street und Falls Road, und ich war inmitten einer bunt zusammengewürfelten Mannschaft langhaariger Rowdys auf der anderen Seite. Der gute Mr. Dyball verlangte, die Barrikade solle verschwinden, und Dr. Philbin war herbeigeholt worden, um mit den Eingeborenen zu reden. Leider sprachen er und ich verschiedene Sprachen, und nachdem etliche gegenseitige Beleidigungen gewechselt worden waren, fuhr er sehr aufgebracht wieder ab; die armen Eingeborenen blieben zurück und standen den Bulldozern der britischen Armee gegenüber – allein.

Natürlich versuchte ich, nach dieser Begegung noch einmal Kontakt mit Dr. Philbin aufzunehmen. Da ich nicht wollte, daß diese eine Barrikade weiter zwischen mir und der Hierarchie steht, machte ich mich auf den Weg zum Palast (mich dünkt, das ist die zutreffende Bezeichnung), um mit dem Bischof über die Angelegenheiten von Ballymurphy zu sprechen. Auf diese Wallfahrt von mir folgte seine plötzliche und unbegründete Attacke auf die Leute aus unserer Siedlung. Leider wurde mir keine Audienz gewährt. Ich mußte mich mit dem Anblick der Mütter aus Ballymurphy zufriedengeben, die dem Jungpriester, der sie mißtrauisch aus der Tür zum Bischofszimmer beäugte, einen Protestbrief überreichten.

Kardinal Conway traf ich fast zweimal. Beim erstenmal besuchte ich Joe McCann in der Glen Road. Der Kardinal machte dort am gleichen Tag seine Aufwartung. Das heißt, er besuchte seine Mutter, aber da sie im Haus nebenan wohnte, kann man getrost sagen, unsere Wege haben sich gekreuzt. Zumindest konnte ich einen verächtlichen Blick auf die kirchliche Limousine werfen, die genau auf meinem Weg parkte. Von ihrem Besitzer sah ich nichts.

Ähnliches passierte in Lager Zweiundzwanzig. Eines Tages saß ich auf der Toilette, gebeugt unter der Last gewichtiger Probleme von theologischem Interesse, als der

Kardinal von einem Kuratenkreuzzug durch das Lager geleitet wurde. Wir kamen nie auf riechbare Distanz zueinander, und da ich gerade eine wichtige Sache zu erledigen hatte, ums mal so zu sagen, ging jeder von uns unangefochten seiner Wege.

Und nun, lieber Leser und liebe Leserin, kommen wir nach dieser doch etwas lang geratenen Einleitung endlich zur Sache. Ich wollte Sie nur davon in Kenntnis setzen, daß ich in nicht allzuweit zurückliegender Vergangenheit ein paar Erfahrungen mit kirchlichen Würdenträgern machen durfte. Ich möchte nicht, daß diese Zeilen nur als weitere antiklerikale Bemerkungen eines verstimmten Republikaners gewertet werden. Gott allein weiß, wer das Zeug liest.

Ich möchte meinen Standpunkt kurz darlegen. Als Laienmitglied der katholischen Kirche bin ich der Meinung, der Hierarchie dieser Kirche mangelt es an einem aktiven Beitrag und einer inneren Einstellung zur Lösung der Probleme unserer Zeit. Mit dieser Ansicht stehe ich nicht allein. Viele andere, wahrlich bedeutendere Persönlichkeiten als ich, haben in den letzten paar Jahren das gleiche gesagt. Der Fall liegt ganz einfach: Die katholische Kirche hat erbärmlich versagt, als es galt, ihrer Rolle in Irland gerecht zu werden.

Das ist nichts Neues, natürlich. Die Geschichte lehrt, daß die Kirchenführer zu allen Zeiten eine Pro-Establishment-Haltung eingenommen haben. Die katholische Kirche in Irland ist traditionell konservativ, nach innen orientiert und aus historischen Gründen in einer beträchtlichen Machtposition, sie besitzt daher großen Einfluß auf die Verhältnisse in Irland. Vielleicht erfüllte die Kirche ihre christliche Funktion am besten zu Zeiten des Heiligen Patrick und der Penal Days, als die Ausübung des katholischen Glaubens untersagt wurde. Seit damals hat sie, bis auf ein paar bemerkenswerte Ausnahmen, die Armen im Stich gelassen.

Die Einstellung der Kirche zu bestimmten Bereichen ist für einen Laien schwer nachvollziehbar. Nach meiner Überzeugung hat die Gleichgültigkeit der Kirchenführung gegenüber Problemen von nationaler, sozialer und wirtschaftlicher Bedeutung zu einer Vergrößerung der Kluft zwischen der Kirche und den Menschen geführt. Die heutige Generation kann sich mit der Hierarchie nicht mehr identifizieren, und die Hierarchie identifiziert sich nicht mit ihr, und so führt die fehlende Identifikation in die Isolation. Das Ergebnis dieses Prozesses ist, daß die Kirchenführer zunehmend Teil des Problems und immer weniger Teil der Lösung werden.

In ihrem gemeinsamen Hirtenbrief »Das menschliche Leben ist heilig« manifestierten die irischen Bischöfe ihren Mangel an vorausschauendem kreativem Denken. Ich habe ein Exemplar dieses Hirtenbriefes erhalten und, liebe Brüder und Schwestern, er wird einer fundierten Analyse, wie sie dieses Thema verlangt, nicht gerecht. Vater Camille Torres hält sich in seiner Auslegung der päpstlichen Enzyklika »Populorum Proggressio« weit eher an die Richtlinien der christlichen Lehre als alle diese Bischöfe zusammen. Der Hirtenbrief zum Problem Dritte Welt, »Evangelium und Revolution«, gereicht ihnen allen zur Schande.

Warum beschäftige ich mich eigentlich mit diesem Thema? Zum einen, weil ich mich dafür interessiere, zum anderen, weil die Kirchen maßgeblich zur Bildung der öffentlichen (und vielleicht auch der persönlichen, wer weiß?) Meinung, der geltenden Maßstäbe und Ansichten beitragen. Aber in erster Linie, weil ich glaube, daß sich an der Basis ein Wechsel anbahnt. Leider scheint sich diese Veränderung oder zumindest die öffentliche Diskussion über die Rolle der Kirchen auf die katholische Kirche zu beschränken.

Manche denken vielleicht, für einen Republikaner schicke sich eine Beschäftigung mit diesem Thema nicht, aber auch in unserem neuen Irland wird es zweifellos Hierarchien geben und unsere Haltung muß mit dem Denken der Menschen Schritt halten, sie muß sowohl ihre geistigen wie auch ihre sozialen Bedürfnisse berücksichtigen.

Aus diesem Grund dürfen Republikaner (ob Katholiken, Protestanten oder Atheisten) bei der von Vater Desmond Wilson immer wieder, auch momentan wieder, entfachten Diskussion nicht abseits stehen. Alle Republikaner müssen über seinen Standpunkt, seine Einstellung und seine Verurteilung der Hierarchie Bescheid wissen. Zur Verdeutlichung möchte ich im Anschluß einige Ansichten anderer Priester, die auch als Seelsorger schwer arbeitender Menschen tätig sind, anführen.

Vater James McDyer erklärt unverblümt: »Das Christentum entstand aus einer Revolution der Linken. Ich glaube, mit unserer verstiegenen Philosophie des privaten Unternehmertums stehen wir nicht im Einklang mit der christlichen Ethik. Ich würde sogar soweit gehen zu sagen, daß der Kapitalismus im schlimmsten Fall und logisch bis zur letzten Konsequenz durchdacht ein direkter Widerspruch zum Christentum ist. Der Sozialismus, bis zur letzten Konsequenz durchdacht, ist dagegen eine Ergänzung des Christentums.«

Vater Joe McVeigh führt aus: »Die wirklich wichtigen Themen ergeben sich aus dem Konflikt mit der Basis und lauten 1. die ständige Schikanierung der Menschen durch die Sicherheitskräfte; 2. die Behandlung der verhafteten oder inhaftierten Menschen; 3. die Probleme aufgrund von Arbeitslosigkeit, Unsicherheit der Arbeitsplätze, schlechten Wohnungen und immer knapper werdendem Geld; 4. die Kontrolle über das Bildungswesen und dessen Gestaltung; 5. die Vermittlung moralischer und geistiger Werte an junge Menschen; 6. die Verteilung und der Besitz von Land, Vermögen und Ressourcen; 7. das Problem der konfessionellen Mischehen.

Manchmal hat man den Eindruck, das einzige Problem in Irland, zumindest soweit es die Kirchen betrifft, seien die ›Männer der Gewalt‹. Für die vielen Menschen, die im Netz physischer Gewalt gefangen sind, zeigte man dagegen sehr wenig Mitgefühl. Es wurden kaum Anstrengungen unternommen, einen gewaltfreien Weg aufzuzeigen, der zu einem gesellschaftlichen Wandel führt. Das Evangelium ist eine radikale Botschaft und hat etwas zu den oben von mir aufgeführten Problemen zu sagen, und zwar: zu allen Zeiten Mitgefühl mit den Unterdrückten, nicht mit den Unterdrückern.«

*An tAth.* Piaras O Dúill fragt: »Herrscht wirklich Krieg [in Irland], und wenn ja, zu Recht oder nicht? Ich persönlich glaube, es herrscht Krieg, und die Frage lautet nur, ob zu Recht oder nicht. Es gibt keine Möglichkeit, dieser Frage auszuweichen und, ohne weiter darüber nachzudenken, eine Pauschalverurteilung abzugeben. Eine pauschale Verurteilung von Gewalt hilft im Moment nicht weiter. Institutionalisierte Gewalt, wie wir sie im Norden erlebt haben, ist ebenso schlimm und muß ausgerottet werden, ehe wir uns den anderen Dingen zuwenden können.«

Vater Faul erklärt: »Die Folterung Gefangener ist ein klarer Verstoß gegen die Menschenrechtserklärung der Vereinten Nationen und deren Bestimmungen über die Behandlung Gefangener, ebenso gegen das Zweite Vatikanische Konzil, wie im Konzilsdokument über die Kirche in der Welt von heute nachzulesen ist. Ein jeder derartiger Übergriff auf eine Person hat unmittelbare körperliche Schäden oder schwere Körperverletzung zur Folge. Es ist ein Bruch mit dem Gesetz dieses Landes.«

Bei einer anderen Gelegenheit sagt Vater Faul: »Sind die Verhältnisse in den Gefängnissen absichtlich so eingerichtet und ist das System so angelegt, daß der Charakter der Männer durch Repression deformiert wird, dann ist diese Situation unmoralisch.«

Das sind nur einige Erklärungen dieser Art, die einer breiten Öffentlichkeit weniger bekannt sind als die Verlautbarungen der Bischöfe Daly, Philbin, Casey oder die von Kardinal Conway. Selbst Bischof Newman, der sicher mit einigen der oben angeführten Zitate nicht übereinstimmt, aber so mutig war, den Abzug der Briten zu fordern, stieß bei seinen Würdenträgerkollegen auf taube Ohren. Seine Stimme blieb die einzige.

# Maulwürfe

Die Männer aus Derry sprachen über Derry. Über die Bog, Creggan und Shantallow. Your Man neben mir grinste und legte mit dem Refrain von »Danny Boy« los. Er rutschte vom Dach herunter, auf dem wir es uns gemütlich gemacht und mehr als den uns zustehenden Anteil an Sonne genossen hatten.

Ich stehe auf und blicke über Long Kesh. Wohin ich auch sehe, erstreckt sich Lager um Lager. Schwarze Teerdächer und graue Metalldächer; schwarze Dächer, wo neue Lagerbaracken die niedergebrannten ersetzt haben, und graue, wo die Arbeit noch getan werden muß. Rechts von mir schimmert die Autobahn im hellen Sonnenlicht, dahinter ziehen sich grüne Felder bis zum Horizont. Ein einzelnes Bauernhaus steht wie ein Punkt in der Landschaft, und eine weißgetünchte Kirche thront behaglich zwischen uns und der Autobahn. Die britischen Armeeposten blicken finster auf uns herab, näher an unserem Lager schmoren die Wachtürme der Wärter in der Hitze. Personenwagen und Lastwagen rasen in beiden Richtungen über die M1. Zwei neue britische Posten überwachen die freie Fläche zwischen dem äußeren Umgrenzungszaun und der Autobahn. Dort wurde Hugh Coney erschossen. Dort draußen, zwischen uns und ihnen; zwischen Long Kesh und der Freiheit; zwischen der Autobahn und dem Konzentrationslager.

Haben Sie je einen Tunnel gegraben? Zuerst einen Schacht. Eine provisorische Klappe oben drauf, und dann rein. Rein in den Lehm, in Kies, in felsiges Gestein und ins Wasser, überall sickert Wasser. Die pechschwarze Dunkelheit und die angespannten Nerven sorgen dafür, daß die ohnehin schlechte Luft noch einen besonders üblen Beigeschmack erhält.

»Auf die Falltür oben kommt es an«, sagen die Experten. »Du brauchst eine gute Falltür oben, sonst hast du verloren.«

Wir haben ein paarmal verloren, aber schließlich waren wir auch nur Amateure. Lager Fünf eignet sich am besten für einen Tunnel. Zwar gab es überall welche, aber einer nach dem anderen wurde entdeckt. Immer wieder fiel ein Wärter bei der Hofpatrouille hinein; die Tunnels brachen ein, und die Männer wurden aus dem zähen Lehm und dem widerspenstigen Kies herausgezerrt. Die in Lager Fünf hießen nur »Die Maulwürfe«. Andere Lager hatten natürlich auch ihre Tunnels, durch die sich internierte und verurteilte Männer in harter Arbeit auf die äußeren Zäune und die Freiheit zubewegten. Aber oben in Lager Fünf, das näher an den Zäunen liegt, hören die Buddler nie auf. Sie machen unentwegt weiter und treiben den Gang voran. Die Erde unter diesem Lager muß aus einem einzigen Labyrinth halbfertiger Tunnels bestehen.

Hugh wurde erschossen, als er aus einem Tunnel herauskam. Inzwischen spricht man kaum noch darüber, dabei ist es noch nicht einmal ein Jahr her. Es passierte gleich nach dem Feuer. In den Lagern Vier, Zwei und Fünf existierten Tunnels, in den anderen Lagern hörte die Graberei nur auf, weil die Entfernung zu groß war. Aber der in Lager Zwei stürzte ein, dann der in Vier. Die Leute füllten die Schächte wieder auf, damit die Wärter sie nicht entdeckten. Eine schwere und besonders unangenehme Arbeit. Nachdem sie zuerst den ganzen Dreck herausgebuddelt hatten, mußten die Männer ihn nun wieder zurückschaufeln, aber niemand beklagte sich. Es mußte getan werden, denn geredet wird immer, und alle wußten, daß Lager Fünf immer noch an der Arbeit war.

Die Tage verliefen recht angenehm. Long Kesh war dem Erdboden gleichgemacht worden. Alle ließen sich einen Bart wachsen, und alle wühlten im Dreck. Paddy the Lad stöberte in den verkohlten Trümmern herum und holte Souvenirs heraus für alle, die sie haben wollten. Manche Männer schliefen unter freiem Himmel, die meisten von uns in provisorischen Behelfsbauten und Unterständen. Abends sangen wir gemeinsam, es gab auch Konzerte. Paddy B. sang »Mule Train« und »The Music Man«. Eines abends machte ich mir in die Hose, als ich ihm zuhörte, wie er »The Music Man« sang. Und Big Dominic und Billy R. veranstalteten ein Gemeinschaftssingen am Lagerfeuer.

Keine Besuche, keine Pakete kamen herein, und nur wenige Briefe gelangten hinaus, aber oben in Lager Fünf wurde gegraben, gegraben und noch mal gegraben. Ich selbst war nicht dort, aber mir kamen die Geschichten zu Ohren. Geschichten von Wassereinbrüchen und Einstürzen, von fehlenden Stützen und »schlechter Luft«. Einmal hieß es: »Es geht nicht weiter, es ist aus«, dann wieder: »Sie fangen wieder an! Ob sie es wohl schaffen? Bald gibt's eine Razzia, müßt ihr wissen. Es wird langsam eng.« Das konnte man wohl sagen, denn Teile des Tunnels standen unter Wasser, und es mußten immer wieder lange Umwege gemacht werden, um Hindernissen auszuweichen. Außerdem muß die Luft sehr schlecht gewesen sein, es muß übel gerochen haben.

Wir wußten nicht, daß sie durch waren, bis wir die Schüsse hörten. Da draußen war es, da drüben rechts, zwischen uns und der M1. Zwischen Long Kesh und der Freiheit. Wir gingen gerade in unserem Lager spazieren, als das Selbstladegewehr seine Botschaft ausspuckte. Wir blieben einen Augenblick stehen. »Das muß Lager Fünf sein. Sie haben jemanden erschossen. Los, auf in Lager Vier. Bringen wir den Zählappell durcheinander. Bewegt euch!«

Dann die lange Nacht. Nach dem ersten Angriff, bei dem wir den Zaun durchbrachen und hinüber nach Lager Vier liefen; nach dem CR-Gas, das uns den Magen umdrehte; nach all den Zweifeln, der Ungewißheit und den Gerüchten; nach all dem Graben und der Plackerei. Nach allem.

»In Long Kesh wurde ein Mann erschossen.« Die Nachrichten um halb acht mit der unpersönlichen Mitteilung, der Mitteilung von draußen, die ein Transistorradio zu uns hereinbrachte. »Das war die letzte Meldung dieser Nachrichtensendung.«

*Sin é.* Einer tot. Ein britischer Soldat sprach Recht mit der Mündung seines Selbstladers. Er lag zwischen uns und der Freiheit, die Waffe im Anschlag, schußbereit wartete er auf uns. Ein POW tot oder im Sterben. Long Kesh wieder in den Nachrichten. Hugh Coney, ein Freiwilliger der IRA und Internierter, erschossen. Da draußen, rechts von mir.

Da draußen, kurz vor der Autobahn, die er zu erreichen versuchte. Da draußen, wo die Autos und Lastwagen auf der M1 in beide Richtungen rasen, vorbei an der weiß getünchten Kirche, vorbei an Long Kesh, vorbei an Lager Fünf, vorbei an der Realität.

Ich lege mich wieder der Länge nach auf das Dach und blicke zum Himmel hinauf. Das ist die einzige Möglichkeit, in Long Kesh in den Genuß eines Fernblicks zu kommen. Jeder Horizont hier ist künstlich, ein Stacheldrahthorizont. Man kann nicht in die Weite blicken, außer himmelwärts. Deshalb schaue ich hinauf in den fernen Himmel und denke dabei an weitere Ausbruchsversuche.

Der Tunnel in Lager Sieben schob sich langsam auf den äußeren Zaun zu. Im Schneckentempo rückte er vor durch das Gelände, auf dem heute die H-Blocks stehen; nach den Berechnungen von Big Ned war er an die fünfundzwanzig Meter lang. In Lager Acht wurde ein kürzerer Tunnel im Grasstreifen in Angriff genommen. Dabei mußten nur ungefähr neun Meter überwunden werden, aber da die Leute im offenen Gelände arbeiteten, direkt unter den Nasen der Wärter, ging es sehr viel langsamer voran. Auch in Lager Zweiundzwanzig wurde ein Schacht ausgehoben, und die Männer gruben sich durch den Boden, um zu den anderen aufzuschließen.

Das Graben eines Tunnels ist nicht gerade ein *craic*. Es ist vielmehr recht gruselig, denn selbst im Sommer ist es nicht leicht, über dem Grundwasserspiegel zu bleiben. Im Trockenen zu graben, geht nicht, überall ist Wasser, und ständig sorgen Sickerstellen für plötzliche Bodenverlagerungen. Auch die Stützen sind unzuverlässig und neigen bei der kleinsten Berührung zum Einsturz. Das Wasser sickert überall ein, denn Long Kesh steht auf einem Moor.

Der Name Long Kesh ist von *Ceis Fhada* abgeleitet, aus dem Gälischen übersetzt bedeutet es etwa »der lange Graben«. Auch der neue britische Name stammt aus dem Irischen, es ist eine Ableitung von *An Má* – die Ebene. Mich dünkt, man hätte *An tUisce* nehmen sollen – das Wasser. Ich jedenfalls habe es unter allen Umständen vermieden, in einen Tunnel hinunterzugehen. Ich war gerne bereit, Wasser herauszuschöpfen, ausgegrabene Erde zu verstecken, Kleider zu waschen, aufzuräumen, Stützen zu schneiden, Werkzeuge anzufertigen oder Wache zu schieben. Ich habe sogar den fürchterlichen Job übernommen, mit den einfachsten selbstgemachten Meißeln eine gut einen halben Meter dicke Betondecke durchzustoßen. Ich war wirklich zu allem bereit, wenn ich nur nicht in einen Tunnel hinunter mußte. Und überhaupt war ich kein besonders guter Buddler.

Doch das alles spielte natürlich keine Rolle, Befehl ist Befehl. Fragen kannst du hinterher stellen, sagen sie.

Hinterher?

So stand ich also da. Ich kam mir ein wenig albern vor in meinen Shorts und tat so, als stünde ich dem Tod, der mit Sicherheit auf mich wartete, gleichgültig gegenüber. Sagte gelegentlich etwas Scherzhaftes zu Your Man. Es gab keine Möglichkeit, sich zu drücken.

Your Man ging zuerst hinunter. Langsam verschwand er, bis der Schacht ihn vollständig verschluckt hatte. Ich folgte zögernd, mit den Füßen voran. Als ich hüfttief im Boden steckte, wurde es ein bißchen eng. Der Platz reichte nicht; ich bekam meine Arme nicht durch, deshalb verrenkte ich meinen Körper in die Position vierundvierzig (Yoga, natürlich), dann glitt ich hinein.

Am Fuß des Schachtes stand das Wasser fünf Zentimeter hoch, kaltes Wasser, das in kleinen Wellen um meine Knöchel spülte. Die Tunnelöffnung maß nur ungefähr sechzig Zentimeter im Quadrat, und als ich unten in die Hocke ging, merkte ich, daß der Tunnel noch schmaler wurde, denn Säcke mit ausgegrabener Erde ragten seitlich in den Durchgang. Your Mans Zehen steckten im Modder, aber seine Fußsohlen funkelten mich an, als ich resigniert mein Tagwerk begann.

Bald waren wir schwer am Arbeiten. Mühsame, qualvolle Arbeit. Er kratzte vorne mit einer provisorischen Schaufel die Erde weg, und ich lag auf seinen Beinen, hielt ihn fest und tat mein Bestes, um jede Bewegung auf ein Mindestmaß zu reduzieren. Und ich wünschte mir sehnlichst, überall zu sein, nur nicht hier. Wir waren nur zwanzig Minuten unten. Sicher hätte ich es länger ausgehalten, wäre einfach so dagelegen wie versteinert, aber dann ließ Your Man plötzlich einen seiner gewaltigen, langgezogenen, Übelkeit verursachenden Fürze. Es wäre mir nicht recht, wenn es zu melodramatisch klingt, aber auf diesem engsten Raum, tief unter Long Kesh, unter dem geteerten und betonierten Boden, geriet ich in Panik. Zumindest glaube ich, daß ich deshalb in Panik geriet. In jedem Fall war diese Entschuldigung ebenso gut, echt und glaubhaft wie jede andere. Unter Mühen wanden wir uns wieder aus dem Schacht heraus und stiegen hinauf in die Abnormalität auf Erden.

Sie schickten mich nie wieder hinunter. Natürlich sagte keiner ein Wort. Sie setzten mich einfach dafür ein, die Erde zu verstecken. Ich machte ein enttäuschtes Gesicht und verdächtigte Your Man, er sei mir in den Rücken gefallen. Im stillen schickte ich ein Dankgebet zum hl. Judas.

In der Zwischenzeit ging es über und unter der Erde weiter, und gegen Ende der zweiten Woche waren wir voller Hoffnung. Lager Sieben hatte fast den äußeren Zaun erreicht, Acht hatte einen schweren Regen überstanden, und wir flogen mit viel Glück bei zwei Razzien der britischen Armee nicht auf. Beard und Wee Owen planten sogar schon einen Urlaub in Frankreich; Cedric hatte seine sämtlichen Klamotten nach draußen geschickt, und Your Man sprach davon, daß seine Rückkehr in den Kampf ganz sicher für gute Propaganda sorgen würde. Ich dachte insgeheim an das sichere West-Mayo, ließ mir aber nichts anmerken und stimmte munter in die Reden der anderen mit ein.

Am Samstag wurden wir verlegt. Ohne Vorwarnung oder vorherige Ankündigung von seiten der Gefängnisleitung. Natürlich versuchten wir, ihnen das auszureden, aber den entscheidenden Knackpunkt kennen Sie ja. Man kann den schweren Weg oder den leichten Weg gehen; man kann sich bewegen oder die Brits bewegen einen. Wir bewegten uns. Als kleinen Trost deckten wir das im Boden klaffende Loch nicht zu, und aus der Schachtöffnung lugte eine Nachricht für den Chef der Sicherheitsabteilung. Zumindest bekäme also jemand Schwierigkeiten – Sie müssen nämlich wissen, die Wärter sollen uns nicht graben lassen.

Wir waren gerade mal zwei Tage wieder in diesem Lager zurück, da wurde ein neuer Tunnel in Angriff genommen. Der in Sieben schien eine sichere Sache zu sein, und keiner von uns wollte allein hier zurückbleiben. Natürlich kamen wir dieses Mal nicht soweit wie das Mal zuvor. Wir hatten gerade erst den Schacht fertig, da entdeckten sie ihn schon. Ein paar Tage später stürzte der in Lager Acht ein. Der Wärter, der darin verschwunden ist, wäre dabei fast umgekommen.

Und der Schacht in Lager Sieben? Das Wasser hat ihn sich geholt. Eines Nachts lief er über die gesamte Länge von dreißig Metern bis oben zur Decke hin voll. Es mußte so kommen: Im Winter gräbt man nicht. Die heftigen Regenfälle verwandeln die Erde in Morast, und davon einmal ganz abgesehen, ist es verteufelt schwer, im Winter einen Tunnel zu verbergen.

Jetzt, im Sommer, sieht die Sache anders aus. Your Man meint, wenn wir uns dicht unterhalb der Schotterschicht halten, ginge es gut. Er glaubt, so schafften wir es, über dem Wasserspiegel zu bleiben; wenn wir auf Lehm träfen, müßten wir ausweichen. Es gehe nur darum, sich ranzuhalten. Na ja, was sollen wir hier denn sonst tun?

# Harvey

Dark legte zuerst los.

»Um Gottes willen«, zischte er, »bringt ihn endlich zum Schweigen!«

»Halt doch den Mund«, antwortete jemand. »Liegst da rum und erteilst Befehle. Für wen hältst du dich eigentlich?«

»Schsch!« machte Cedric. »Hört mal.«

Es war drei Uhr früh. Die Baracke badete im orangenen Glanz der Suchscheinwerfer draußen auf dem Zaun. Aus den Schatten, die das Bett unter Egberts Koje einhüllten, drangen laute Grunzer, sich hoch hinaufschraubende Quietscher und in der Tonhöhe schwankende Seufzer. Die Laute schienen an Stärke und Intensität zuzunehmen. Mit wachsender Furcht hörte ich auf diese merkwürdigen, unmenschlichen Töne, die einen ungeahnten Höhepunkt erreichten. Sie schienen die gesamte Baracke auszufüllen. Ich lauschte entsetzt.

»Jesus, Maria und Josef!« Darks Fürbitte kam unter seinen Decken hervor, gleichzeitig tastete seine Hand unter dem Bett nach einem Stiefel. Cedric kam ihm zuvor. Sein Doctor-Martin's-Größe-Zehn prallte von Your Mans lang hingestreckt liegender Gestalt ab. Mit einem Schlag saß dieser kerzengerade im Bett.

»Was? Was 'n los? Wo bin ich?«

»Bei deiner Oma. Was glaubst du, wo du bist? Reiß dich zusammen! Deinetwegen kann kein Mensch schlafen«, schrie Dark.

»Jetzt reicht's aber«, fuhr Cedric dazwischen.

Cedric war der neue OC unserer Baracke. Unser letzter hatte aufgegeben, weil Egbert und Your Man ihn unterminierten. Er war unter ihnen gebrochen wie ein morscher Zweig. Aus diesem Grund hatte Cedric die leitende Stellung bekommen; der Stab unseres Lagers hatte beschlossen, diese verantwortungsvolle Position in unserer Baracke im Rotationsverfahren zu besetzen, und Cedric war der erste, der an der Reihe war. Deshalb knöpfte er sich Your Man und Dark energisch vor; ihn würde niemand brechen.

»Der nächste, der den Mund aufmacht, bekommt eine Strafe«, drohte er.

»Ich muß das Licht anmachen«, sagte Your Man. »Mir geht's nicht gut.«

»Du machst das verdammte Licht nicht an«, bellte Dark.

»Ich gebe hier die Befehle«, erinnerte ihn Cedric nachdrücklich.

Er schlurfte durch den Gang und knipste das Licht an. Dark verzog sich schmollend tiefer unter seine Decke; wir hörten, wie er vor sich hin murmelte. In der Zwischenzeit war Cedric bei Your Mans Bett angelangt.

»Mann! Dir geht's ja wirklich nicht besonders«, verkündete er.

Er hatte recht; jeder konnte es sehen. Your Mans Gesicht war aschfahl und schweißgebadet. Die Haare klebten ihm auf der Stirn, und die Augen starrten uns aus tiefliegenden Augenhöhlen eulenartig an.

»Ich hatte einen fürchterlichen Alptraum«, stöhnte er. »Ich habe geträumt, jemand sitzt auf meiner Brust und versucht, mich am Atmen zu hindern. Es war entsetzlich.«

»Das ist dein schlechtes Gewissen«, kam es unter Darks Decke hervor.

»Jetzt reicht's«, erklärte Cedric. »In einer Minute ist das Licht aus. Und du«, er deutete auf Your Man, »machst keinen Aufstand. Versuch, zu schlafen. Morgen früh geht's dir wieder besser.«

Doch das war nicht der Fall. Er war so bleich wie der Tod. Seine Augen waren vom Schlafmangel rotgerändert, er wollte nichts essen und roch streng nach Schweiß. Seine Zunge war allerdings okay. Den ganzen Tag lang erzählte er uns von seiner Begegnung mit dem mitternächtlichen Besucher.

»Zu viele schmutzige Bücher«, kommentierte Dark.

»Zu häufig die spiritistische Alphabettafel«, entschied Cedric. »Ab heute ist sie verboten.«

Es änderte nichts. In der Nacht wohnten wir erneut einer Vorstellung bei, nur traf es dieses Mal Sammy Molloy. Heiseres, halbersticktes Stöhnen, durchsetzt von heftigen Atemzügen und lauten Schlägen, wenn er den Kopf auf dem Kissen von einer Seite auf die andere warf, schreckte uns in den frühen Morgenstunden auf und hielt uns wach.

»Wenn dieser Lärm nicht sofort aufhört, wird jeder einzelne von euch bestraft«, brüllte Cedric. »Ihr benehmt euch wie die kleinen Kinder.«

»Das sind nicht wir!« schrien ein Dutzend Stimmen.

Irgend jemand lachte, doch gleich darauf erstarrten wir. Ängstliche, schweigende, lastende Stille breitete sich aus, nur unterbrochen von einem teuflischen Geheul aus Sammys Bett.

»YaaaAAAHHHH«, klagte es. Wir lagen wie versteinert in den Betten. Plötzlich sprang Sammy aus seiner Koje und rollte sich auf dem Barackenboden hin und her. »YAAAAAHHHH«, heulte er.

Am nächsten Tag schickte Cedric nach dem Priester. In der Zwischenzeit zogen drei Männer aus der Baracke aus, und die Wärter baten den OC unseres Lagers um eine Unterredung. Anscheinend hatte die Nachtschicht in den letzten Nächten das Durcheinander mitangehört und gesehen, daß unser Barackenlicht die ganze Nacht über bis zur Dämmerung brannte. Der OC unseres Lagers kam von der Besprechung mit den Wärtern mit einem langen, ernsten Gesicht zurück. Er hielt mit Cedric ein Gipfeltreffen in der Trockenbaracke ab. Anschließend ließen sie Your Man und dann Sammy holen. Your Man ging hin, aber Sammy weigerte sich, das Bett zu verlassen. Also schickten sie uns alle in den Hof hinaus und beriefen ihr Gipfeltreffen erneut ein, diesmal am Fußende von Sammys Bett.

Später am Abend unterhielten wir uns mit Cedric. Er äußerte sich nur sehr unverbindlich über seine morgendlichen Beratungen mit dem OC und das gemeinsame Gespräch mit Sammy und Your Man. Wir ließen ihn links liegen. Your Man war mitteilsamer.

»Offenbar«, teilte er uns im Vertrauen mit, »haust ein feindlich gesinnter Geist in unserer Mitte. Irgendeine dämonische, verlorene, vom Teufel besessene Seele.«

»Du scheinst dir aber offensichtlich deswegen kaum Sorgen zu machen«, warf ich mißtrauisch ein.

»Ah, weil sie mich nicht wieder heimsuchen wird.«

An diesem Abend zogen zwei weitere Männer aus der Baracke aus. Wir anderen blieben die ganze Nacht auf. Nichts passierte.

»Ein neues Zeichen von Harvey, Jungs?« rief Shoulders O'Doherty am nächsten Morgen aus Lager Zwölf zu uns rüber.

»Wen meinst du mit Harvey?« fragte Egbert zurück.

»Na, ihr wißt doch: das große weiße Kaninchen aus dem Film mit James Stewart. Außer James Stewart hat kein Mensch es je gesehen, aber ich habe erfahren, daß es jetzt in eurer Baracke ist. Wann wurde es denn verurteilt?«

Wir beachteten ihn nicht weiter. In dieser Nacht kam Harvey wieder. Er stieß einen Tisch um, zerrte die Decken von Cleakys Bett, erstickte fast Paddy A. und saß auf Egberts Brust. Wir dachten, Egbert würde sterben. Er reagierte nicht wie die anderen. Er gurgelte drei Minuten lang, hatte weit aufgerissene Augen und warf den Kopf hin und her. Urplötzlich wurde er vollkommen ruhig.

Am Nachmittag kam der Priester. Er hörte uns alle an und machte sich Notizen in ein kleines schwarzes Buch. Anschließend ging er mit dem OC unseres Lagers zum Gefängnisdirektor.

»Ich habe gehört, Harvey ist der Geist eines britischen Fliegers, der im letzten Krieg bei einem Flugzeugabsturz ums Leben kam«, informierte uns Cedric. »Long Kesh war ein Flugplatz«, fügte er hinzu.

Zu dieser Zeit waren wir nur noch zu siebt in der Baracke; zu acht, wenn man Harvey mitzählt.

»Was sagt denn der Priester?«

»Weiß ich nicht, aber er hat ziemlich ernst geguckt.«

»Die katholische Kirche geht davon aus, daß Astralleiber wie Harvey existieren«, klärte Your Man uns auf. »Man nennt sie Poltergeister. Die Kirche steht diesen Geistern mit Güte gegenüber.«

»Zu schade, daß sie Republikanern nicht auch so gegenübersteht«, schnaubte Egbert, aber ohne seine übliche Heftigkeit.

Eine Stunde später kam der Priester wieder. Er ging allein in unsere Baracke. Er blieb ungefähr fünfzehn Minuten drin. Your Man lugte hinein und sagte, er liege auf dem Rücken auf dem Boden, trete mit den Beinen in die Luft, boxe mit den Armen und bete dabei ständig ekstatisch und mit heiserer Stimme.

Von da an hatten wir keinen Ärger mehr. Kein Zeichen von Harvey. Er steht auf der Vermißtenliste, Gott sei Dank. Alle Abtrünnigen und Verlorenen, die uns im Stich gelassen hatten, wohnen wieder in unserer Baracke. Und Cedric ist immer noch unser OC. Die spiritistische Alphabettafel ist immer noch verboten.

Wahrscheinlich glauben Sie kein Wort von all dem. Wirklich nicht? Ich kann es Ihnen nicht verübeln; hätte ich es nicht mit eigenen Augen gesehen, ich würde es auch nicht glauben. Eine Zeitlang nahmen mehr Leute an der Messe teil, und natürlich haben Sie von der Sache mit Darks Haaren schon erfahren. Aye, sie wurden schneeweiß. Er ist deshalb sehr gehemmt. Darum sprechen wir kaum über Harvey. Zumindest ist das mit ein Grund dafür, aber ich glaube auch, jeder von uns möchte die Sache vergessen. Eine vergebliche Anstrengung, aber Sie wissen bestimmt, was ich meine: Es ist besser, nicht darüber nachzugrübeln.

Heute morgen, als ich Shoulders O'Doherty sah, kam mir alles wieder in den Sinn. Er wurde vom OC seines Lagers, dem Priester und zwei Wärtern aus Lager Zwölf weggeführt. Sie brachten ihn ins Gefängnishospital. Dort ist er jetzt noch. Ein Sanitäter sagte mir, er säße die ganze Nacht wach im Bett und führe Selbstgespräche.

»Oh, und dann sprach er mit einem Harvey«, fügte der Wärter hinzu. »Wahrscheinlich arbeitet er auf seine Entlassung hin.«

»Da wäre ich mir nicht so sicher«, antwortete ich, halb zu mir selbst gewandt.

Er sah mich überrascht an.

»Das ist mein Ernst«, wiederholte ich. »Ich würde es nicht auf die leichte Schulter nehmen.«

Ganz bestimmt nicht. Nicht nach dem, was mit Darks Haaren passiert ist.

# Frank Stagg, 1976

Der britische Botschafter in Chile, Mr. Reginald Seconde, sagte gestern, er wisse, daß Sheila Cassidy, die neunundfünfzig Tage lang in Chile in Haft war, weil sie einem verwundeten chilenischen Guerilla geholfen hatte, zwei Wochen nach ihrer Verhaftung im vergangenen November von der Polizei in Santiago gefoltert worden sei. Nach seiner Abberufung aus Chile erstattete Mr. Seconde dem britischen Außenministerium über den Vorfall Bericht, und nun steigt der Druck auf den britischen Außenminister Jim Callaghan, wegen der Mißhandlung von Dr. Cassidy ernste Maßnahmen gegen Chile zu ergreifen. Der Fall hat in den britischen Nachrichtenmedien gewaltiges Echo gefunden, und englische Politiker erheben ein großes Geschrei wegen der Folterung politischer Gefangener.

Zur gleichen Zeit befinden sich Roy Walsh und zwei seiner Kameraden nach ihrem Protest im vergangenen November bereits seit drei Monaten in Einzelhaft in der Sonderabteilung (Special Control Unit) im Gefängnis von Wormwood Scrubs. Die meisten republikanischen Gefangenen werden in England in Einzelhaft gehalten. So hat beispielsweise Paul Holmes den größten Teil seiner Haftzeit in der isolierten Sonderabteilung des Parkhurst-Gefängnisses, von den republikanischen POWs nur das »Loch« genannt, abgesessen. Seit ein paar Wochen befindet sich Frank Stagg, ein republikanischer POW, im Wakefield-Gefängnis im Hunger- und Durststreik, weil er einen ganz elementaren Anspruch durchsetzen möchte, nämlich die Verlegung nach Irland, damit er seine Freiheitsstrafe näher an seiner Heimat verbüßen kann. Es gibt Präzedenzfälle für eine Verlegung, denn Dolours und Marion Price wurden nach einem langen, qualvollen Hungerstreik nach Irland überstellt, und später wurden Hugh Feeney und Gerry Kelly nach Long Kesh verlegt. Auch loyalistische Gefangene sind verlegt worden, wenn auch ohne vorausgehenden Hungerstreik, und wegen krimineller Delikte verurteilte britische Soldaten werden zur Verbüßung ihrer Strafe ganz selbstverständlich nach England gebracht.

Innerhalb der nächsten ein, zwei Wochen wird sich unter den freiheitsliebenden Menschen in Irland nachhaltig Unterstützung für Frank Stagg aufbauen. Aber das könnte zu spät sein. Man kann nicht energisch genug betonen, daß Frank Stagg stirbt, wenn nicht sofort Druck auf die Briten ausgeübt wird. Diese entsetzliche Möglichkeit vor Augen beschloß ich, über die Bedingungen zu schreiben, denen republikanische POWs in englischen Gefängnissen ausgesetzt sind, damit wir, jeder einzelne von uns, während wir unseren täglichen Geschäften nachgehen, begreifen, mit welcher Hölle unsere Gefangenen in England tagtäglich konfrontiert werden. Ich bat zwei Kameraden, Hugh Feeney und Gerry Kelly, mir kurz ihre eigenen Erfahrungen aufzuschreiben, damit ich den »gewohnheitsmäßigen Ablauf« von Frank Staggs Tag im Gefängnis authentisch schildern kann. Ihre Notizen trafen heute abend in diesem Lager ein, ich gebe sie nachfolgend fast im Wortlaut wieder. Im folgenden ist nicht die Rede von Märtyrertum, es geht nicht um »Knast schieben« oder gar um Selbstmitleid. Als republikanischer Gefangener, der mehrere Jahre in Long Kesh war und ist und ungefähr ein oder zwei Monate auf dem Gefängnisschiff »Maidstone« inhaftiert war, bedauerte ich mich oft selbst, und oft war ich gar so dreist, auch noch froh darüber zu sein, das alles ertragen zu haben.

Seit ich Gerrys und Hughs Bericht über Zwangsernährung gelesen habe, mache ich mir nichts mehr vor. Meine beiden kurzen Haftstrafen hier, die gelegentlichen Prügel bei britischen Razzien und die Schikanen, denen meine Besucher ausgesetzt sind, all das verblaßte zur Bedeutungslosigkeit angesichts des Elends unserer Leute in England. Long Kesh, Magilligan, Armagh, Crumlin, Portlaoise, Curragh, »Joy« und die Gefängnisse in Limerick sind schlimm. Aber die Gefängnisse in Großbritannien sind schlimmer, sie sind in Wahrheit die Hölle auf Erden.

Diese Mißhandlungen müssen aufhören, bevor Frank Stagg allein in seiner Gefängniszelle stirbt. Frank hat bereits vier Hungerstreiks hinter sich; die Bedingungen, unter denen er gegenwärtig leidet, unterscheiden sich nicht von denen während der Hungerstreiks und der Einzelhaft in Parkhurst und Long Lartin. Er liegt im Krankenhaustrakt des Wakefield-Gefängnisses und befindet sich somit in der »Obhut« von Menschen, die irische Gefangene zwangsernährt haben. Sie nennen die Zwangsernährung »Ernährung mit dem Schlauch«. Frank Stagg liegt im Krankenhaustrakt, aber ein Gefängnishospital läßt sich in keiner Weise mit einem zivilen Hospital vergleichen. In Wahrheit wurde Frank nur von einer Zelle im Strafblock des Gefängnisses in eine andere verlegt und zu einer noch größeren Strafe verurteilt; er befindet sich nach wie vor in völliger Isolation, zusätzlich sieht er sich unausweichlich mit wiederholter Zwangsernährung konfrontiert. Selbst nach der Verurteilung der Zwangsernährung durch den britischen Ärzteverband wurde diese Tortur nicht eingestellt. Der britische Innenminister Roy Jenkins sagte vor einigen Monaten während einer Debatte im Unterhaus, er habe die Entscheidung dem Gefängnisarzt überlassen. Wenn – und das ist mehr als wahrscheinlich – Frank Stagg wieder zwangsernährt wird, muß er die nachfolgend beschriebenen Torturen über sich ergehen lassen, und da insbesondere seine Kehle und sein Magen nicht richtig ausheilen können, wird sich seine Gesundheit in der nächsten Zeit noch schneller verschlechtern, als dies gegenwärtig ohnehin bereits der Fall ist.

Er muß täglich mit mindestens einer, möglicherweise auch mit zwei »Fütterungen« rechnen. Zwangsernährung ist immer brutal. Wie oft sie auch vorgenommen wird, das Opfer gewöhnt sich nie daran. Werden die »Fütterungen« nicht jeden Tag zur gleichen Zeit vorgenommen, und für gewöhnlich ist das nicht der Fall, muß er sich den ganzen Tag emotional darauf vorbereiten und versuchen, sich erneut zur Entschlossenheit zum Kampf zu motivieren.

Zuerst erscheint ein Wärterteam. Sie betreten die Zelle, der Ausdruck auf ihren Gesichtern variiert, er reicht von wütendem Zähnefletschen über teilnahmslose Gleichgültigkeit bis zu einem dämlichen, entschuldigenden Lächeln. Frank wird entweder in seiner Zelle »gefüttert« oder in eine andere Zelle gezerrt. Er wird entweder in einem Bett oder auf einem Stuhl sitzend festgehalten. Normalerweise sind sechs oder acht Wärter beteiligt. Sie stürzen sich planmäßig und wohl einstudiert auf ihn, halten ihn fest und drücken Arme und Beine nach unten. Frank wehrt sich, so gut er kann, obwohl er weiß, daß es sinnlos ist. Einer packt ihn an den Haaren und zerrt seinen Kopf nach hinten. Ist er endlich fixiert, erscheinen der Arzt und sein Assistent.

Zum Öffnen von Franks Mund gibt es verschiedene Methoden: Entweder hält man ihm die Nase zu, damit er keine Luft mehr bekommt, oder ein Wärter oder ein Arzt ballt die Fäuste und preßt die Fingerknöchel in beide Kiefergelenke. Auch ein Ryle's-Schlauch wird eingesetzt. Dabei handelt es sich um einen sehr langen dünnen Schlauch, der durch die Nase gestoßen wird. Er ist eigentlich für die Ernährung durch die Nase gedacht, bei der Zwangsernährung dient er allerdings nur als Hilfsmittel zum gewaltsamen Öffnen der Kiefer. Er reibt an der Membrane tief in der Nase und verursacht, wenn er nicht mit einem Gleitmittel behandelt wurde (und das wird er selten), einen sengenden Schmerz, ähnlich dem einer glühendheißen Nadel, die in den Kopf gestoßen wird. Schreit Frank auf, schiebt man ihm sofort eine Holzzwinge zwischen die Zähne. Funktioniert das nicht, benutzt der Arzt eine Art große Pinzette und stößt damit ins Zahnfleisch. Bei diesem Schmerz öffnet sich der Mund unwillkürlich weit genug, so daß die Zwinge hineingeschoben werden kann. Manchmal wird auch eine Metallzwinge benutzt, die ein wenig aussieht wie ein »Heftapparat«, wie man ihn aus dem Büro kennt. Diese schiebt man zwischen die Zähne, ein Bolzen wird gedreht, der eine Feder öffnet, und diese drückt die Kiefer auseinander.

Sind Franks Kiefer endlich aufgestemmt, treibt man ihm ein Holzstück, das an eine Trense erinnert, in den Mund. Es »sitzt« quer in seinem Mund, jedes Ende wird von einem Wärter gehalten. In der Mitte des Holzes befindet sich ein Loch, durch das der Schlauch gesteckt wird. Ein flaches Holzstück drückt die Zunge herunter. Ist das geschehen, führt man ihm einen gut neunzig Zentimeter langen, mit Paraffinöl gleitfähig gemachten Gummischlauch in die Kehle und läßt ihn den Hals hinunter. Auf das offene obere Ende des Schlauchs kommt ein Trichter, in den etwas Wasser gegossen wird. Bildet das Wasser Blasen, weiß man, daß der Schlauch in Franks Lunge gelandet ist. In diesem Fall wird der Schlauch entfernt, und alles geht von vorne los. Michael Gaughan wurde auf diese Art und Weise umgebracht. Sitzt der Schlauch richtig, stößt man ihn Frank in den Magen.

Es gibt Schläuche in verschiedenen Durchmessern, und es leuchtet ein, daß die Qual um so schlimmer ist, je dicker der Schlauch ist. Im allgemeinen benutzen die Ärzte die dicksten, weil diese das Essen schneller transportieren und sie somit nicht unnötig Zeit verlieren. Frank spürt, wie sich sein Magen füllt und dehnt, eine Erfahrung, die er schon oft erlebt hat. Automatisch übergibt er sich. Die erbrochene Nahrung wird in einer Nierenschale aufgefangen. Ist der diensthabende Arzt besonders sadistisch, wird Frank das Erbrochene wieder durch den Schlauch geschoben (Gerry Kelly ist das passiert). Das Entfernen des Schlauches reißt den Hals noch stärker auf als das Einführen, weil inzwischen praktisch kein Paraffinöl mehr am Schlauch ist. Besonders die letzten paar Zentimeter sind grauenvoll. Frank bekommt heftige Schmerzen in der Brust. Er würgt, und in diesem Stadium wird ihm noch übler als vorher. Kommt der Schlauch heraus, löst er wieder Erbrechen aus (Marion Price ist in diesem Stadium einmal ohnmächtig geworden). Nach der »Fütterung« kann Frank weder aufstehen noch sich aufsetzen noch sich auch nur bewegen.

Frank Stagg befindet sich auch im Durststreik. Darauf reagiert das Gefängnisregime auf zweierlei Art. Die erste Methode besteht schlicht in weiterer Zwangsernährung mit Flüssigkeit im Essen. Da die Flüssigkeit (mittels des Schlauches) am Mund vorbeigeführt wird, verstärkt sich das Durstgefühl. Die andere Methode besteht darin, im Zuge der Zwangsernährung eine Extraportion Salz in die Flüssigkeit zu geben. Die dadurch verursachte stärkere Entwässerung steigert das Verlangen nach Wasser. Zwischen Durst- und Hungerstreik wiederholt abzuwechseln, wie Frank es macht, ist extrem schwer und unbeschreiblich qualvoll. Kann sein, man verweigert ihm ein Handtuch oder Wasser, um sich das Erbrochene abzuwaschen, wie man es bei Hugh Feeney gemacht hat. Dann stinkt seine Zelle nach saurer Milch und ausgespuckter Nahrung. Einmal wurde Hugh Feeney die heilige Kommunion durch einen Priester verweigert, Frank könnte sogar jeglicher geistliche Beistand verweigert werden.

So sieht die Barbarei aus, die englische Politiker in England hinnehmen und anderswo verurteilen. Sie wird mit gleicher Rohheit Frauen wie Männern angetan. Dolours und Marion Price wurden während eines 205 Tage andauernden Streiks auf diese Weise gefoltert. Aber unter welchen Bedingungen müssen die anderen republikanischen POWs leben und Frank Stagg, wenn er nicht im Hungerstreik ist? Da gibt es zwei Kategorien: die Bedingungen im normalen Gefängnissystem und die Einzelhaft.

Auch wenn Frank Stagg sich nicht im Hungerstreik befände, würde er in Einzelhaft verwahrt, weil er sich weigert, Schwerarbeit zu leisten oder Gefängniskleidung zu tragen. Gemäß der Bestimmung 43 G.O.D. (Good Order and Discipline) bedeutet das eine Art Internierung innerhalb des normalen Gefängnissystems insofern, als diese Bestimmung sogar die meist nichtssagenden Anklagen und Verurteilungen im Gefängnis überflüssig machen, die im allgemeinen und unter »normalen« Umständen vom Board of Visitors des Gefängnisses ausgesprochen werden. Nach Bestimmung 43 muß der Gefangene mit keiner Anklage konfrontiert werden und kann unbegrenzt und unter jeglichem Vorwand auf Anweisung des Direktors in Einzelhaft verwahrt werden. Die Isolierblocks unterscheiden sich, aber die Methode ist mehr oder weniger in ganz England die gleiche. Gegenwärtig wendet man diese Methode bei fast allen republikanischen POWs an. Gemäß den Bestimmungen für Einzelhaft ist ihnen kein Kontakt und keine Kommunikation mit anderen Gefangenen gestattet. Es ist ihnen strikt verboten, mit irgend jemandem zu sprechen. Die Wärter haben Anweisung, sich nicht mit POWs zu unterhalten, und sollte ein POW versuchen, mit irgend jemandem zu reden, werden besondere »Disziplinarmaßnahmen« angeordnet. Tagsüber ist die Zelle leer; Bettzeug, Matratze, wenn möglich das Bett selbst, werden jeden Morgen um sieben Uhr entfernt. Eine extrahelle Leuchtstofflampe ersetzt das rote Nachtlicht. Die Zelle ist immer beleuchtet, an Schlaf ist nicht zu denken. Da Frank sich weigert, Gefängniskleidung anzuziehen, ist er nackt.

Eine schäbige graue Decke gestattet man ihm, die ihm aber ohne Erklärung von einer Minute auf die andere weggenommen werden kann: Sie ist ein Privileg! Schultern, Ellenbogen, Knie und Hüften haben die rauhe Decke und der Beton der Zelle wund gescheuert. Die Auswirkungen ähneln denen eines schweren Sonnenbrandes. Die kahlen Zellen haben keine Heizung, sind ständig feucht, kalt und sehr, sehr schmutzig.

In solchen Zellen leben Frank und seine Kameraden, sie sitzen oder liegen immer auf dem Boden und immer, immer in einer Ecke. Das sagt ihnen der gesunde Menschenverstand, denn nur so können sie wenigstens ein bißchen Schutz finden vor der ständigen Zugluft in der Zelle. Vergeblich versucht Frank, sich vollständig in die Decke einzuhüllen (falls er das Glück hat oder so privilegiert ist, eine zu haben). Um halb acht bekommt er eine Schüssel mit warmem Wasser, damit er sich waschen kann. Ist er fertig, nimmt man ihm die Schüssel sofort weg. Er könnte sich sonst im heißen Wasser die Füße wärmen, und das ist nicht erlaubt. Anschließend darf er sich »entleeren«. Sein Frühstück kommt und bleibt in der Zelle, und ungefähr um 10.30 machen der Direktor und der Arzt die Runde. Beide bleiben auf dem Gang stehen, sehen ihn an, nicken, sprechen über das Wetter und gehen wieder. Kein Wort über seine Gesundheit fällt, solange er noch atmet. Das Gefängnispersonal kann impertinent sein und versuchen, den POW zu ärgern. Um 11.30 wird das Frühstück abgeholt und das Mittagessen gebracht. Um 4.30 holt man das Mittagessen, und der Tee kommt. Jeden Tag wird die Zelle durchsucht. Es ist ein kahler, leerer Kerker mit einem nackten Mann in der Ecke, trotzdem wird er tagtäglich durchsucht und mindestens jede halbe Stunde von einem Wärter kontrolliert.

Manchmal wird eine Durchsuchung des Körpers angeordnet. Man zwingt den POW, mit den Händen die Zehen zu berühren, und ein Wärter mit Plastikhandschuhen greift ihm in den Hintern und durchsucht den Darm. Um acht Uhr bekommt der POW das Bettzeug zurück, und um neun tauscht man das weiße Leuchtstofflicht wieder gegen das rote Nachtlicht aus. Die ganze Nacht lang überprüft der

Wärter mindestens zweimal in der Stunde die Zelle. Schlaf ist unmöglich. Die Zelle stinkt nach abgestandenem Essen. Der POW versucht ständig, sich warmzuhalten, aber es gelingt ihm nie. Frank Stagg darf seine Zelle nicht verlassen. So verbrachte er zwei Jahre, und den meisten republikanischen POWs ergeht es nicht anders. Die Möglichkeiten zu körperlicher Bewegung unterscheiden sich von Gefängnis zu Gefängnis. Wer soviel Glück hat, daß ihm diese Vergünstigung eingeräumt wird, hat dazu im allgemeinen einmal am Tag die Gelegenheit, und zwar in einem umzäunten Areal, das sieben auf neun Schritte mißt. Eine halbe Stunde dauert dieser Hofgang, wenn es das Wetter erlaubt, aber wie alles andere unterstehen auch die Elemente dem Direktor, der den Hofgang verweigert, wie es ihm gerade gefällt.

Aufgrund der Arbeitsverweigerung sind die republikanischen POWs auf einen freien Brief in der Woche angewiesen. Die Wärter informieren sie immer wieder genüßlich über Briefe, die aufgehalten oder dem Innenministerium vorgelegt wurden, oder erzählen ihnen, daß ihre ausgehende Post von der Gefängnisverwaltung nicht weitergeleitet wurde, weil der POW über die im Gefängnis herrschenden Verhältnisse zu schreiben wagte.

Besuche laufen hauptsächlich nach zwei Regeln ab. Nach Regel eins bekommen die POWs Besuch in einem geschlossenen Raum und nicht im gemeinschaftlichen Besuchszimmer. Ein Direktor und ein Wärter sitzen knapp einen Meter entfernt und machen sich Notizen von den Unterhaltungen des POW mit seinem Besucher, wie persönlich diese auch sein mögen. Körperlicher Kontakt mit geliebten Menschen, das Umarmen von Ehemann und Ehefrau, Kindern und Eltern, ist strengstens verboten. Versuchen der POW oder der Besucher zu flüstern oder senken sie auch nur ein wenig die Stimme, wird der Besuch abgebrochen.

Besuche nach der zweiten Regel fallen unter die Kategorie »geschlossen«. Das heißt, der POW und sein Besucher sind voneinander getrennt, die Unterhaltung (unter den gleichen Bedingungen wie oben) ist nur durch ein Sprechgitter möglich. Stets sind Wärter anwesend, einer steht hinter dem POW und beobachtet den Besucher, der andere steht hinter dem Besucher und beobachtet den POW. Der Direktor sitzt dabei und zeichnet die Unterhaltung auf.

Solche Bedingungen finden Verwandte vor, die von Irland nach England reisen, um ihre Lieben zu sehen. Roy Walsh, augenblicklich in Wormwood Scrubs in Einzelhaft, ist von seinen Kameraden, mit denen er im November letzten Jahres protestiert hat, abgesondert worden. Sie alle müssen sich als Strafe für ihren mutigen Protest wegen unzähliger Anklagepunkte verantworten. Jeder Punkt der Anklage kann den drei POWs sechsundfünfzig Tage Einzelhaft mit Verlust sämtlicher Privilegien einbringen. Sämtliche Strafen können direkt aufeinanderfolgend verhängt werden. Während dieser Zeit wird die Anzahl der Besuche und auch die Besuchszeit halbiert. 1974 starb ein Gefangener namens Stephen Smith im Isolationstrakt; der Wahrspruch nach der gerichtlichen Untersuchung des Todesfalles, der das Vorliegen einer Straftat feststellte, jedoch nicht den Täter nennt, spricht für sich selbst.

Auch die unter »normalen Bedingungen im normalen Gefängnissystem« inhaftierten POWs werden von der Gefängnisverwaltung außerordentlich diskriminiert. Die Diskriminierung findet auf jede nur erdenkliche Art und Weise statt. Ausgehende und eingehende Post wird zurückgehalten oder »fehlgeleitet«. Die Möglichkeiten zu Bildung und Sport, die anderen Gefangenen offenstehen, verweigert man den POWs. Besuche finden unter den oben bereits genannten Bedingungen statt; diese Maßnahmen können auch auf Gefangene ausgedehnt werden, mit denen die POWs Kontakt aufnehmen, was auch gemacht wird. Das ist in der Tat ein probates Mittel zur Separierung republikanischer POWs von anderen Inhaftierten, und die Wärter tun, was in ihren Kräften steht, um die Situation noch zu verschärfen und Konfrontationen zwischen den POWs und den anderen Häftlingen herbeizuführen. Der Kampf zwischen den republikanischen POWs und den Gefängnisautoritäten dauert an, die POWs stehen unter unablässigem Druck von seiten der Verwaltung. Die Bedingungen ähneln jenen, denen die POWs in Irland, in Gefängnissen nördlich und südlich der Grenze, ausgesetzt sind. Aber in Irland haben die Gefangenen wenigstens die

Gesellschaft von Kameraden und sind in der Nähe ihrer Heimat, das verschafft eine gewisse Erleichterung. In England werden die Gefangenen gefoltert, und jeder nur mögliche Druck wird auf sie ausgeübt, um sie zu brechen und zu isolieren. Trotzdem bleibt der irische Botschafter in Großbritannien in London auf seinem Posten, im Unterschied zu seinem britischen Kollegen in Chile. Das einzige Interesse der Regierung in Dublin ist Kollaboration. In den Gefängnissen Portlaoise, »Joy« und Limerick gleichen sie sich der britischen Brutalität, Folter für Folter, an.

Der Mangel an Platz und die Kommunikationsschwierigkeiten sind der Grund dafür, daß dieser Bericht über die Bedingungen in englischen Gefängnissen nur einen begrenzten Umfang haben kann. Ich habe einige Namen erwähnt, die mir gerade in den Sinn kamen, aber viele, viele andere blieben ungenannt. Frank Stagg und die POWs in England kämpfen gegen ein System, das sich seit 1870 nicht verändert hat, seit O Donnabháin Rossa in Hand- und Fußketten gelegt wurde und irische Gefangene in den Wahnsinn getrieben wurden. Die Verhältnisse haben sich auch nach Toirlach Mac Suibhnes Tod im Brixton-Gefängnis nicht geändert.

Die Londoner Regierung befindet sich im Krieg mit der IRA. Der Krieg wurde 1971 von Reginald Maudling neu erklärt. Die POWs sind aufgrund dieses Krieges in England. POWs haben Rechte, wie Airey Neave selbst in Colditz festgestellt hat. Sie haben Rechte, und diese Rechte müssen ebenso verteidigt werden wie die Rechte von Dr. Sheila Cassidy in Chile. Die englische Regierung wird den inhaftierten irischen Männern und Frauen niemals irgendwelche Rechte gewähren, wenn sie nicht dazu gezwungen wird.

Die Regierung in Dublin nimmt die Verantwortung für ihre eigenen Bürger nicht wahr. Sie unterminiert tatkräftig deren Rechte. Nur das irische Volk kann die Wahrung dieser Rechte garantieren. Und zwar, indem es die britische Präsenz in Irland und die Ungerechtigkeiten und Mißhandlungen, denen die irischen Gefangenen ausgesetzt sind, bekämpft.

*Frank Stagg starb am 12. Februar 1976.*

# Die Veränderung wird uns guttun

Your Man hat Zwiebeln gezüchtet (eine mittelmäßige Sorte, die er seine »Conor Cruise O'Briens« nennt) und Klee (den er einfach Klee nennt). Er zieht die Pflanzen, getrennt voneinander natürlich, in Marmeladegläsern. Der Klee kämpft seit dem St. Patrick's-Day um sein Überleben. Your Man mußte ihn einige Male aus den Händen der Wärter befreien. Sie stehlen ihn bei Razzien. Long Kesh, sagt Your Man, ist kein guter Ort für Grün. Er ist wieder ganz der alte, dafür ist Cedric in letzter Zeit noch weit aggressiver als sonst, und Egbert steckt jetzt schon seit einer Ewigkeit in einer tiefen Depression. Er und Cedric haben sogar aufgehört, sich zu streiten. Sie liegen nur in der Sonne, und da es seit einer Weile warm ist, bekamen wir keusche republikanische Knochen zu Gesicht, die seit Jahren nicht mehr unbekleidet an der frischen Luft gewesen sind.

Your Man züchtet auch Marienkäfer und Raupen. Eine seiner Raupen hat sich letzte Nacht in einen Schmetterling verwandelt. Er war die ganze Nacht über auf und hielt alle anderen vom Schlafen ab, weil er dauernd etwas von fehlendem heißem Wasser, von Komplikationen bei einer Geburt und dem Fehlen von geeigneten Einrichtungen nach der Geburt murmelte. Er behauptet, sein Nachwuchs sei ein Mädchen. Wie er das festgestellt hat, weiß niemand, aber wir vermuten, die langen Jahre, die er jetzt schon hier drin ist, zeigen bei ihm langsam Wirkung. Ich muß allerdings zugeben, sein Mädchen ist sehr hübsch. Sie ist braun, orange und rot. Wir nennen sie Irma la Douce. Es ist schön, ein weibliches Wesen hier zu haben, auch wenn es nur ein Schmetterlingsmädchen ist.

Am Montag wurden wir wieder verlegt. Das ist jetzt das dritte Mal in diesem Jahr. Die Verlegerei ist Teil der Strategie, die sich die Gefängnisleitung zur Verhinderung von Ausbrüchen ausgedacht hat. Die Wärter haben unseren Tunnel entdeckt. Sie wurden ganz aufgeregt und beschlossen, wir müßten sofort umziehen. Dabei war es nur ein ganz kleiner Tunnel (obwohl an ihm schon einige Monate gearbeitet wurde), wir hatten gerade mal erst den Schacht fertig. Und weil woanders keine Unterkunft frei war, so wie die Briten die Baracken bei einer Razzia zugerichtet haben, kamen wir nach Lager Vier. Seitdem, Kameraden, hat sich alles zum Besseren gewendet. Eine Veränderung, sagt Your Man, tut so gut wie Ferien.

Vielleicht sollte ich etwas zu Lager Vier sagen. Wenn Sie die M1 in Richtung Belfast fahren, befindet sich Lager Vier auf der linken Seite neben dem zweiten britischen Posten auf der äußeren Mauer. Man kann das Lager gar nicht verfehlen. Lager Vier liegt ein kleines Stück hinter der Mauer, fast im rechten Winkel zu Lager Fünf, das sich näher an der äußeren Mauer und parallel dazu erstreckt. Lager Elf liegt meilenweit entfernt davon in der Mitte von Long Kesh, Lager Vier dagegen ganz am Rand im Interniertensektor.

Mich jedenfalls hat Lager Vier ein klein wenig aufgeheitert. Zum einen gibt es jede Menge Gras, zwar außerhalb des Lagers, aber dicht am Zaun, und große Grasbüschel im Hof des Lagers. Und es gibt ein paar Ecken, wo man sich ein wenig Ruhe gönnen kann und außerdem einen schönen Blick auf das Niemandsland zwischen uns und der äußeren Mauer hat. Trotz britischer Unkrautvernichtungsmittel gedeihen dort Butterblumen, Brennesseln, Disteln und Löwenzahn. Zwar ist im größten Teil des Niemandslandes alles feinsäuberlich ausgerupft, aber das zähe Unkraut dicht am Lagerzaun ist eine wahre Freude. Cedric meint, der Geruch sei phantastisch, und da wir nun gegen den Wind vom Küchenhaus leben, findet er keinen, der mit ihm darüber streitet.

Und dann ist da natürlich die M1. Wir können sie von den Dächern unserer Baracken aus sehen. »Da fährt gerade ein Bus, und ein Kleinwagen, und ein Kipper«, verkündete Egbert aufgeregt, als er das erste Mal oben auf dem Dach war. Sofort kletterten wir alle auf das Dach und blickten hinaus auf den Kirchturm von Hillsborough, auf das Denkmal dahinter, auf die kleinen Felder und natürlich auf die Autobahn. Cedric erspähte als erster die Kühe oder das Vieh, wie er sie nannte, aber Egbert stahl ihm die Schau.

Er lenkte nämlich unsere Aufmerksamkeit auf die Bäume, auf die weißgetünchte Kirche rechts davon und auf die Frau, die ein ganzes Stück weiter ihre Wäsche auf einer Hecke ausbreitete. Er schrie auch: »Der Sendemast bei Hillsborough, an dem man vorbeikommt, wenn man nach Dublin fährt!«

Und dann die Tierwelt. In unserem alten Lager hatten wir, die Tauben nicht mitgerechnet, die aber eigentlich auch keine freilebenden Tiere sind, nur ein paar Stare, Möwen, Schnecken, eine einzelne Maus und jede Menge Krähen und Spatzen. Jetzt hätte ich fast die Falken vergessen. Seit ich in Long Kesh bin, jagt dort ein Falkenpaar. Die Falken hatten ordentlich zu essen, denn sie machten Jagd auf kleine Vögel und anderes Getier. Aber nicht immer geht alles nach ihrem Willen: Manchmal versammeln sich ganze Geschwader von Spatzen zu einer riesigen dunklen Wolke und verscheuchen sie. Während wir auf dem Rücken liegen und der perfekten Choreographie des Luftnahkampfes zusehen, fragt Your Mann, romantisch wie immer: »Wißt ihr, was das beweist? Das beweist, Einigkeit macht stark. Allein auf sich gestellt, haben die Spatzen keine Chance, aber gemeinsam – seht sie euch an.« Die tadellos aufgestellte Formation bei diesem Kampf auf Leben und Tod, der über uns am tiefblauen Himmel mit tödlichem Ernst ausgefochten wird, schlägt uns in ihren Bann. Der zynische Cedric, immer für eine Klugscheißerantwort gut, kann sich allerdings die Bemerkung nicht verkneifen, Your Man habe anscheinend nie bedacht, was passieren würde, wenn sich alle Falken miteinander verbündeten.

Der Anblick eines Falken hat mich immer mit Respekt erfüllt: vielleicht, weil sie Individualisten sind; weil sie jagen und ich gerne wüßte, wer und wo ihre Beute ist; oder vielleicht, weil ich weiß, daß ich mich vor ihnen fürchte. Einer der Jungs vom Land bezeichnet sie als Mörder; nicht, weil sie töten, sondern weil sie andere Vögel töten. Es ist ihm sehr ernst damit.

Normalerweise wissen wir, wenn sie in der Nähe sind, denn dann sind alle kleinen Vögel aufgeregt. Sie suchen Schutz. Nach dem ersten panischen Geflatter ist der Himmel plötzlich ganz verlassen, nur ein oder zwei unheilvolle

Punkte kreisen hoch oben wie zwei Skibbereen-Adler und behalten uns wachsam im Auge.

Vor ein paar Monaten beobachteten wir, wie sich einer von ihnen wie ein Stein herabfallen ließ und sich einen kleinen Vogel auf der geteerten Fläche zwischen Lager Sechs und Lager Zweiundzwanzig schnappte. Wir applaudierten und brachen in Hochrufe aus, als der Falke, sein Opfer fest in den Krallen, beim Aufsteigen mit dem Kopf voran in den Zaun flog. Ein oder zwei Sekunden lang lag er betäubt am Boden, und sein Mittagessen machte sich in Windeseile aus dem Staub.

An diesem Ende von Long Kesh habe ich noch keine Falken gesehen, jedenfalls bis jetzt noch nicht. Hier scheint alles friedlich. In der Ecke dieses Lagers, die der äußeren Mauer am nächsten liegt, kann man angenehme Stunden mit Tagträumen und Vögelbeobachten verbringen. In aller Ruhe fliegen Krähen mit grauen Hauben in das Lager herein und wieder hinaus; viele Finken sind zu sehen; zweimal beobachteten wir Elstern, und jeden Abend kreisen Rassetauben aus irgendeinem Taubenschlag in der Nähe über uns, lassen sich herabsinken und streichen im Formationsflug wieder hinaus. Stare füttern ihre eben flügge gewordenen Jungen mit Brotkrumen der POWs. Aber am liebsten sind uns die Lerchen. Zumindest behauptet Cedric, es seien Lerchen. Egbert dagegen schwört, es handle sich um Mauersegler, und Your Man zog seine Vermutung, es seien Schwalben, erst zurück, als die beiden sich wutentbrannt auf ihn stürzten. Ich glaube, es sind Lerchen. Jeden Tag beobachteten wir sie, wie sie hoch hinauf zum Himmel stiegen. Ihr schrilles Flöten übertönte sogar die Verkehrsgeräusche auf der Autobahn, und gleichzeitig verblüfft und neidisch sahen wir zu, wie sie mühelos zu ihren Nestern außerhalb der Lagergrenze segelten. In Long Kesh blicken die Menschen aus ihren Käfigen zu den Vögeln hinaus, oder, in Your Mans Worten, die Vögel blicken in die Käfige hinein, in denen die Menschen sind.

Am Dienstag entdeckten wir eine Katze mit drei kleinen Kätzchen, die mitten im Unkraut unter einem alten Stuhl wohnt, und von dem Moment an behielt eine bange Zuschauerschar von Gefangenen die britischen Wachhunde im Auge, wenn die Katzenmutter ihre Kleinen fütterte oder mit ihnen spielte. Seit ein einsamer Internierter Ende 1971 einen winzigen jungen Kater hinter den Zaun brachte, gibt es im Lager eine stattliche Familie halbwilder Katzen. Einige Jahre lang herrschte eine richtige Mäuseplage, bis sich die Katzen vermehrten und die kleinen Mäuse ausmerzten. Jetzt freuen sich die Katzen in unserer stacheldrahtumsäumten Wildnis ihres Lebens. Sie kommen in die umzäunten Lager herein und schlüpfen nachts wieder hinaus, um auf der anderen Seite des Lagerzaunes zu schlafen.

Ein schwarzweißes Kätzchen aus der Familie in Lager Vier hat ein verletztes Auge. Es ist vereitert, aber wir können nur voller Mitgefühl zusehen, wie das Kätzchen unbeholfen hinter seinem lebhafteren Bruder und seiner Schwester herstolpert. Vermutlich wird es den Winter nicht überstehen.

Gegenüber von der Stelle, an der ich gerade sitze, patrouillieren unaufhörlich gelangweilte Brits mit struppigen Schäferhunden an der äußeren Grenze entlang. Sie stapfen an uns vorbei, passieren Lager Fünf, umrunden den Fußballplatz neben Lager Drei, weiter an Lager Sieben vorbei, drehen hinter Lager Acht um und kommen wieder zurück. Die neuen Mauern trennen uns vom Zellenblock, der sich in Richtung auf die Autobahn erstreckt und uns daran hindert, den Flug der Lerchen weiterzufolgen. Es kränkt uns, daß sie die Fähigkeit besitzen, das Lager jederzeit verlassen zu können, während wir Menschen, angeblich allen anderen Lebewesen überlegen, aufgeschmissen sind und am Boden kleben. Die Katze und die Kätzchen der POWs, die frechen Spatzen und die ständig über uns spottenden Lerchen blicken auf die Wärter und die Briten, die ihre ewigen Patrouillenrunden drehen. Lager Vier unterscheidet sich im Grunde kaum von Lager Elf, aber die Veränderung schadet uns nicht, und auf unsere typische Long-Kesh-Art wird es uns fehlen, sobald man uns wieder an den in seinen ursprünglichen Zustand zurückversetzten Schauplatz unserer Tunnelgraberei verlegt.

Dann werden wir uns an den *craic* erinnern, den wir dort hatten, an den Ausbruch, der geglückt wäre, hätte man uns nur ein wenig länger in Ruhe arbeiten lassen, und auch daran, wie die M1 im flirrenden Sonnenschein glänzte und flimmerte. Einige werden sich daran erinnern, daß an einem Sonntag im Juni in Lager Fünf, als die anderen Internierten des Lagers zu ihrem wöchentlichen Appell antraten, Paddy Crawford in stiller Verzweiflung starb. Er schlüpfte in eine der Baracken und hängte sich auf. Andere erinnern sich vielleicht daran, daß Hugh Coney nicht einmal hundert Meter vom Lerchennest entfernt umgebracht wurde und Paddy Teer in Lager Vier gestorben ist, bevor dort Untersuchungsgefangene untergebracht wurden. Daß man weder die M1 noch die Vögel und die Katzen, ja nicht einmal die Sonne von den neuen Zellenblocks aus sehen kann und daß noch vor dem Winter, wenn das Kätzchen mit dem kranken Auge schon nicht mehr lebt und nicht einmal mehr die Marienkäfer auf den paar überlebenden Brennesseln herumkrabbeln, republikanische Gefangene dort inhaftiert werden. Wir werden dann natürlich noch hier sein; wir werden unter angenehmeren Umständen leben als die Gefangenen in England, besser dran sein als die Jungs im Crum, die Frauen in Armagh oder die Männer in den Zellenblocks. Das Parlament im Stormont wird je nach Fähigkeit der IRA und der Beweglichkeit der SDLP entweder wieder eingesetzt worden sein oder auch nicht; und die britischen Truppen, ulsterisiert oder anglisiert, werden immer noch in Gefangenenlagern, in Seitenstraßen oder auf Landstraßen wie auf dem Laufsteg patrouillieren in diesem noch viel größeren Gefängnis da draußen.

Egbert sagt, Großbritannien wolle eigentlich gar nicht hierbleiben, die britische Regierung wäre im Grunde ganz froh, wenn sie uns los wäre. Aus diesem Grund debattieren er und Cedric nicht mehr miteinander. Cedric läßt in diesem Punkt nicht mit sich reden. Er behauptet, wenn England sein mangelndes Interesse an Irland der Öffentlichkeit lauthals kundtue und rasch Maßnahmen zum Rückzug träfe, sei es noch früh genug, einmal kurz zu erwägen, daran zu glauben. Your Man ist natürlich einer Meinung mit Cedric. Bis es soweit ist, müssen seiner Ansicht nach »höflich formulierte Behauptungen, denen es an unterstützender Substanz fehlt« mit Argwohn betrachtet werden.

In der Zwischenzeit treiben wir uns hier in der Sonne herum, hier, auf dieser Seite der M1, direkt hinter dem zweiten britischen Posten zu Ihrer Linken, wenn Sie in Richtung Belfast fahren. Sie können das Lager nicht verfehlen, nicht einmal, wenn Sie zu schnell fahren, um die Lerche zu sehen oder zu hören, wie sie über uns spottet. Es wird immer jemand dasein, solange die Briten hierbleiben, und, in Your Mans Worten: »Der Brite wird hiersein, bis man ihn zwingt zu gehen.« Und selbst dann wird er nur widerstrebend gehen. Aber ich zweifle nicht daran, daß diese Veränderung uns guttun wird. Sie wird sogar noch besser sein als Ferien.

# Der Abend, an dem Andy Warhol verboten wurde

Der OC von Long Kesh ist kein übler Typ. Im Grunde ist er auf seine Weise ein ganz anständiger Kerl. Er ist älter als die meisten von uns. Man könnte sagen, er gehört zur alten Schule der Belfaster Republikaner. Ziemlich viele von dieser alten Garde sind hier drin, darunter einige Rentner. Alle zusammengenommen, haben sie schätzungsweise an die tausend Jahre Freiheitsstrafe abgesessen. Wenn man sie über die dreißiger, vierziger und fünfziger Jahre reden hört, gewinnt man jedenfalls diesen Eindruck. Bevor viele von uns überhaupt geboren wurden, hatten sie bereits etliche schwere Jahre hinter sich.

Es ist kein Witz, wenn ich behaupte, zusammengenommen hätten sie tausend Jahre verbüßt, viele übrigens ohne Anklage oder Prozeß. Vielleicht haben sie in Wahrheit sogar länger gesessen. Angenommen, neunzig bis hundertzwanzig Männer, auf die die obige Beschreibung zutrifft, befänden sich hier in Long Kesh. Angenommen sie verbüßten, außer der Zeit, die sie jetzt absitzen, durchschnittlich fünf Jahre in den fünfziger und weitere fünf Jahre in den vierziger Jahren. Zählt man nun die paar Dutzend Männer dazu, die schon in den dreißiger Jahren inhaftiert waren, und auch noch Liam Mulholland, der 1919 zum erstenmal eingesperrt wurde (man sagt, er und Wolfe Tone seien Zellengenossen gewesen, aber so ganz glaube ich das nicht), und zählt man dann alle Jahre zusammen, so ergibt das ein paar Jahrhunderte Knast. Aus diesem Grund muß man den Alten gegenüber schon ein bißchen tolerant sein. Sie haben die Erfahrung gemacht, daß manche Dinge einfach geschehen, aber sie tragen ihr Los mit Anstand und mit der Würde ihrer grauen Haare. Manchmal haben sie allerdings Prinzipien, die wir Jungen nicht einmal zu begreifen imstande sind. Mit diesen Prinzipien erzeugen sie so manche Krise bei uns und bei der Gefängnisverwaltung.

Zuweilen regen sie sich auch über eher weltliche Dinge auf. Hin und wieder weigern sie sich zum Beispiel, den

Gefängnisfraß zu essen. Man könnte nun denken, das sei ihre Sache! Dabei darf man aber nicht vergessen, daß eben der OC von ganz Long Kesh einer ihrer Altersgenossen ist, und so wird aus dem Schaden für einen ein Schaden für alle, denn wenn der OC die Annahme verweigert und die Wärter mit dem Essen wegschickt – hungern wir alle. Das ist nicht allzu schlimm, wenn einer aus unserer Clique ein ordentliches Essenspaket bekommen hat, aber Cedric ist aufgefallen, daß unsere Veteranen den Fraß für gewöhnlich dann verweigern, wenn *sie* Essenspakete bekommen haben.

Die meisten unserer älteren Mitbürger wohnen in Lager Zweiundzwanzig, einem Interniertenlager für an Altersbeschwerden leidende straffällige Subversive wie eben der OC von Long Kesh. Aber, wie Your Man sagt, ob man hier ist oder dort, weder das eine noch das andere macht notwendigerweise einen schlechten Menschen aus einem. Im Grunde ist der OC ein relativ anständiger Kerl. Ausgenommen, wenn es um das Thema Sex geht. Er hat sonderbare Vorstellungen von Sex. Ich nehme an, von einem Mann in seinem Alter kann man nichts anderes erwarten. Darum hat er Andy Warhol verboten. Na ja, in Wahrheit hat er nicht Andy in Person verboten; so weit reicht seine Autorität nicht. Was ich meine, ist, daß er uns vor ein paar Wochen verboten hat, Andy Warhol auf BBC2 anzusehen.

Cedric hat uns gleich auf die Sendung aufmerksam gemacht. Er hat die Fernsehseiten gelesen. »Hört euch das an, Jungs: freizügige Sexszenen in einer Sendung über Andy Warhol.«

Ungefähr zur gleichen Zeit las einer der jüngeren alten Herrn in Lager Zweiundzwanzig denselben Artikel. Er hat sofort Feuer gefangen. »Freizügige Sexszenen.« Er grinste anzüglich und hoffnungsvoll. Das reichte. Einer seiner schon etwas klapprigeren Kameraden hörte diese Worte, und dieser sture Methusalem marschierte schnurstracks zum OC und erstattete ihm Bericht. Daraufhin erging an alle der folgende Befehl: »Allen POWs wird verboten, die Fernsehsendung über Andy Warhol anzusehen.«

Erstaunlich genug, aber alle nahmen diese Nachricht ruhig und äußerlich gefaßt auf. Your Man ging natürlich hoch, aber als wir uns alle weigerten, mit ihm zusammen Protest einzulegen, wandte sich sein Zorn gegen mich, Cedric und Egbert. Er ist kein Machiavelli. Wir ignorierten ihn einfach. Uns kam aber zu Ohren, daß drüben in Lager Zweiundzwanzig von dem Kameraden, der zuerst von der anstößigen Sendung gelesen hatte, ein regelrechter Aufstand angezettelt wurde. Er wurde richtig fanatisch.

»In unserm Kampf geht's um Freiheit«, protestierte er heftig, »es geht auch um Meinungsfreiheit, um das Ende der Zensur. Du kannst nicht einfach eine Fernsehsendung verbieten.« Den OC von Long Kesh ließ das kalt. Manche Republikaner sind so. Wäre der OC ein Schaukelpferd gewesen, er hätte nicht einmal gewippt.

»Ich habe diese Anordnung an alle Männer, in sämtliche Lager geschickt. Über tausend Männer haben sie erhalten, keiner hat sich beschwert. Von dir hätte ich mehr erwartet. Du solltest den jüngeren Männern ein besseres Beispiel geben.«

Er hatte recht. Er hatte seinen Befehl in ganz Long Kesh verbreiten lassen. Über tausend unserer Männer haben ihn bekommen, und nicht einer hat sich beschwert. Die Sendung wurde an einem Mittwochabend ausgestrahlt. Bis auf Lager Zweiundzwanzig wurde sie in jedem Lager gesehen.

Sie haben nicht viel versäumt. Und wir haben sie nicht aufgeklärt. Verstehen Sie, wir wollten unseren OC in keinem Fall kränken. Er ist kein schlechter alter Kerl. Und was er nicht weiß, macht ihn nicht heiß.

# Zur Verteidigung von Danny Lennon

Am 10. August 1976 starben drei junge Menschen in Belfast. Zwei kleine Kinder und ein junger Mann. Später starb ein drittes Kind, und mit seinem Tod war eine junge Familie fast vollständig ausgelöscht. Die Familie Maguire hat, verständlich genug, die IRA verurteilt. Mr. Maguire, dessen Frau noch immer schwerkrank im Krankenhaus liegt, nahm in seiner Verurteilung der republikanischen Bewegung kein Blatt vor den Mund.

Ich akzeptiere seine Gefühle, ich kann verstehen, daß er es in jeder Hinsicht gerechtfertigt findet, das zu sagen, was er gesagt hat. Er hat seine Kinder verloren, und kein Wort von mir oder irgend jemand anderem kann den Verlust, der ihn getroffen hat, auch nur annähernd zum Ausdruck bringen. Ich kann nichts weiter tun, als der Familie Maguire mein Beileid auszusprechen. Wenn die Familie es nicht annehmen möchte, habe ich dafür Verständnis. Wenn ich als Heuchler bezeichnet werde, habe ich dafür Verständnis. Ich weiß, ich kann gar nichts tun, was die Feindseligkeit durchbrechen könnte, die in den letzten paar Jahren bei den Hinterbliebenen der betroffenen Familien entstanden ist und die sie jenen gegenüber empfinden, die ihrer Ansicht nach für ihren Verlust verantwortlich sind.

Dieser Brief wird möglicherweise von vielen Menschen falsch interpretiert oder mißverstanden, wie auch der Republikanismus von vielen Menschen falsch interpretiert oder mißverstanden wird. Dagegen kann man sich nicht verteidigen. Die Leser und Leserinnen haben das Recht, sich ihre eigene Meinung über meine Aufrichtigkeit und über die Aufrichtigkeit der republikanischen Bewegung als solche zu bilden.

Ich schreibe nicht in eigener Sache, und ich bin nicht autorisiert, für die Bewegung zu sprechen. Ich als Person und die Bewegung als Organisation, wir müssen die Verantwortung tragen und uns jeder Kritik stellen, auch wenn wir wissen, daß wir uns nicht immer in der besten Position befinden, aus der heraus wir unseren Standpunkt, unsere Weltanschauung und unsere Aktivitäten rechtfertigen können.

Wir können und wir müssen unser möglichstes tun, um dafür zu sorgen, daß bei allem, was wir tun, so wenig Menschen wie nur irgend möglich in Mitleidenschaft gezogen werden, Menschen, die kein persönliches Interesse daran haben, gegen uns zu sein. Und wir müssen auf persönlicher Ebene dafür sorgen, daß unsere Führung, unsere Disziplin und unsere Haltung stets der republikanischen Sache dienen und ihr nicht schaden.

Dieser Brief richtet sich folglich an die Menschen, die kein persönliches Interesse daran haben, sich gegen uns zu stellen. Es ist nicht mein Bestreben, Meinungen über mich, über die republikanische Sache, über Gewalt, über die IRA oder über die republikanische Führung zu verändern. Denken Sie darüber, was Sie wollen, denken Sie gut oder schlecht darüber, ich, hier in Long Kesh, kann wenig tun, um Sie zu beeinflussen. Das können nur die Republikaner, die draußen sind, und zwar mit ihren Aktionen, ihrer Einstellung und ihrem Verhalten.

Ich möchte hier für den jungen Mann sprechen, der getötet wurde. Es tut mir zutiefst leid, daß drei Kinder gestorben sind. Ich weiß, er würde dasselbe empfinden und hätte alles in seiner Macht Stehende getan, um eine Verletzung oder den Tod dieser Unschuldigen zu verhindern, die in gar keiner Weise für die Situation verantwortlich sind, in der sich das irische Volk befindet. Kinder sind immer unschuldig. Die Familie Maguire war nicht der Feind von Danny Lennon, und er war nicht ihr Feind. Sie war Opfer der Umstände, unter denen er erschossen wurde.

Er hat keine Waffe auf sie gerichtet. Er hat das Auto nicht auf sie gelenkt. Er war tot, als der Wagen den Unfall verursachte. Soviel wurde von der britischen Armee eingeräumt.

Danny Lennon machte sich auf mit einer Waffe, bereit, sie gegen die Menschen zu richten, die er als seine Feinde erkannt hatte. Er machte sich auf gegen die Britische Armee, und er kannte die Risiken, die er einging. Er wollte andere nicht diesem Risiko aussetzen und in seinen Tod hineinziehen. Sein Tod war die Folge seiner Aktionen, und es ist um so tragischer, daß eine junge Familie mit ihm gestorben ist. Er wollte niemandem Leid zufügen, außer den Menschen, die ihn schließlich umgebracht haben; doch auch dabei ging es ihm ausschließlich um das System, das sie repräsentierten, nur dagegen ging er vor.

Danny Lennon kam im August 1971 mit der republikanischen Bewegung in Berührung. Im Oktober 1972 sperrte man ihn ins Gefängnis, am 30. April 1976 wurde er entlassen. Er mußte nicht zur IRA zurück. Dreieinhalb Jahre in Long Kesh und davor die Zeit auf der Flucht nahmen ihm alle Illusionen. Er wußte, wie schwer der Kampf um die nationale Freiheit ist und wie leicht man irritiert und demoralisiert werden kann. Er wußte, wofür er kämpfte. Er konnte in klaren, deutlichen Worten sagen, wie das Irland sein soll, das das irische Volk errichten kann.

Er war kein junger Mann, der in Gewalt verstrickt war. Die Rückkehrer (diejenigen, die im Gefängnis waren und wieder draußen sind) wissen, wie das ist. Danny Lennon ging es nicht um Mythen, um Persönlichkeiten oder die Jagd nach Ruhm. Er machte sich nichts aus den unbedeutenden materiellen Dingen, die er hätte haben können. Er glaubte an eine Gesellschaft, in der die Menschen nicht mehr ausgebeutet werden. Er wußte, welche Opfer die Erreichung dieses Zieles erforderte, und er starb unter Umständen, die er zu verhindern trachtete. Diesem Ziel hatte er sein Leben gewidmet.

Sein Tod, der die Kinder der Maguires das Leben kostete, stand im Widerspruch zu seinem Leben, denn für Kinder wie sie hat er gekämpft.

Danny Lennon kam zu dem Schluß, daß Gewalt mit allen damit verbundenen Härten und Tragödien nur dann gerechtfertigt ist, wenn man weiß, wofür man kämpft, wenn man bereit ist zu kämpfen, wenn man bereit ist, die Härten selbst auf sich zu nehmen. Die letzten paar Monate, die er hier in diesem Lager verbrachte, las er Pearse und Connolly und aktualisierte auf seine eigene Art und Weise die Zuammenhänge unserer republikanischen Philosophie.

Er wußte, was richtig ist und was falsch. Er war ein menschliches Wesen, ein junger Mann von dreiundzwanzig

Jahren mit einer Mutter und einem Vater, mit Brüdern und Schwestern. Er hatte menschliche Gefühle und Schwächen wie wir alle. Wie wir alle machte er Fehler, aber er war ein anständiger junger Mann, ein Sozialist aus instinktiver Überzeugung und IRA-Aktivist aus freier Entscheidung. Sein Irland sollte frei sein vom ausschließlichen Profitstreben, frei vom Kampf, frei von konfessionellem Sektierertum und frei von Gewalt. Er kämpfte nicht für irgendein überholtes Ideal, für irgendeine abstrakte Sache: Er kämpfte für eine Gesellschaft, in der das irische Volk ein wahrhaft souveränes Volk ist.

Vielleicht akzeptieren Sie das nicht. Vielleicht ist Gewalt Ihrer Meinung nach nie gerechtfertigt. Vielleicht haben Sie gelitten; vielleicht wollen Sie keinen weiteren Kummer mehr erleben. Vielleicht sind Sie erschöpft, krank, alt oder müde. Es geht mir nicht darum, Ihre Einstellung zu ändern, Ihnen eine andere Meinung oder Ansicht aufzudrängen. Ich möchte Sie nur bitten zu akzeptieren, daß die Danny Lennons innerhalb der republikanischen Bewegung, gäbe man ihnen nur die Chance dazu, mithelfen würden, in Irland eine Gesellschaft aufzubauen, wie sie die Männer, Frauen und Kinder Irlands verdienen, und daß sie sich in diesem Kampf engagieren, ohne dabei einen Gedanken an persönliche Vorteile oder Anerkennung zu verschwenden.

Der Familie Maguire und der Familie Lennon drücke ich mein aufrichtiges Beileid aus. Wenn diejenigen, die ein maßgebliches Interesse, ein politisches Interesse daran haben, mich mißzuverstehen, diesen Brief falsch interpretieren, nehme ich die Konsequenzen hin. Wenn dieser Brief dazu benutzt wird, mich oder die republikanische Bewegung anzugreifen, soll es so sein. Wenn er den Lesern und Leserinnen hilft, auch nur für einen Augenblick die vielen Danny Lennons zu verstehen, die von Leuten angegriffen und verurteilt werden, die selbst älter, habgieriger und käuflicher sind als sie, dann ist sein Kampf nicht vergeblich gewesen.

Jesus hat Erbarmen mit allen Toten, die für Irland und in Irland starben. Niemand von uns ist ohne Schuld; nur unsere Kinder sind unschuldig. Unsere Aufgabe ist es, eine

Gesellschaft aufzubauen, in der sie ihrer Unschuld nicht beraubt werden. Dann und nur dann werden wir den Frieden haben, den die breite Masse der Menschen überall verdient und sich ersehnt.

# Nichts als Späße

»Big Domnic O'Filibuster war der größte Witzbold, der mir je über den Weg gelaufen ist«, erklärte Your Man rechthaberisch.

»Nawh«, schnaubte Cedric geringschätzig. »Das war nur ein kleiner Stümper, verglichen mit Dipper Dedalus.«

»Worüber streitet ihr euch?« erkundigte sich Egbert.

»Darüber, wer der Beste war, wenn's darum ging, alles hübsch durcheinanderzubringen und Chaos anzurichten, bevor wir es uns alle hier gemütlich gemacht haben«, erklärte ich.

»Das ist doch ganz klar. Domnic!« antwortete Egbert fachmännisch.

»Hört euch den an.« Cedrics Stimme überschlug sich fast. »Lieber redet er Unsinn, anstatt den Mund zu halten. Dem ist doch nicht zu helfen. Woher willst du wissen, wer der beste Schaumschläger war?« fragte er Cedric mit beleidigtem Unterton.

»Nun«, antwortete Egbert ruhig und mit soviel raffinierter Hinterlist, daß ihn sowohl Domnic als auch Dipper darum beneidet hätten, »es ist stets leichter, objektiv zu sein, wenn man nicht direkt betroffen ist. Deine Erinnerung ist subjektiv, wahrscheinlich weil du dich zu sehr mit der Situation identifizierst. Ich bin nicht betroffen und folglich unparteiisch und objektiv. Und meine Stimme bekommt Domnic.«

»Domnic braucht deine Stimme nicht. Du bist an dieser Unterhaltung überhaupt nicht beteiligt. Das geht dich nichts an!«

»Nun mal langsam, Cedric«, bat Your Man, »das war ein Punkt für Egbert.«

»Leck mich!« zischte Cedric. »Er will mich ärgern. Er hat doch keine Ahnung von Domnic oder Dipper.«

»Tatsächlich?« Egbert wirkte recht selbstgefällig. »Kannst du dich erinnern, wie Dominic damals den neuen Wärter gebeten hat, ihm eine Semmel und die *Irish News* zu bringen?«

»Aye.« Ein Leuchten erhellte Your Mans Gesicht. »Morgens um halb acht ging er zum Tor, drückte dem neuen

Wärter einen 10-Schilling-Schein in die Hand und bat ihn, schnell mal zum Laden zu laufen und zehn Park Drive, eine Semmel und die *Irish News* zu besorgen.«

»Daran kann ich mich gut erinnern«, räumte Cedric friedfertig ein. »Das war ein echter *craic*. Besonders, weil der Wärter eine halbe Stunde später wiederkam und ihm die zehn Schilling zurückgab.«

»Er hat gesagt, er hätte den Laden nicht finden können«, gluckste Egbert vergnügt.

»Und wißt ihr noch, wie er den Direktor um ein Klavier gebeten hat?« fuhr Cedric fort. »Die Verhandlungen dauerten wochenlang. Der Direktor war Engländer, und er hatte nicht allzuviel Gespür für die Sache. Domnic hat ihn ordentlich veräppelt.«

»Das bestätigt nur meine Worte«, verkündete Egbert hochmütig.

»Was?«

»Ich sage nur, daß du mir recht gibst«, wiederholte Egbert mit sanfter Stimme.

»Keineswegs. Ich, ich habe nie gesagt, Domnic sei kein guter Witzbold gewesen. Ich hab' nur gesagt, so gut wie Dipper war er nicht.«

»Und was ist mit dem großen Mick?« fragte Your Man.

»Also, der konnte nichts dafür.« Cedric war froh, eine Atempause zu haben. »Der hat doch immer alles durcheinandergebracht. Erinnert ihr euch, wie er in Lager Sechs eine Mausefalle aufgestellt hat? Er hat elektrische Drähte an einer Stahlplatte befestigt, die hat er unter Strom gesetzt und direkt neben der Barackentoilette aufgestellt.«

»Wollte er die Mäuse beim Pinkeln fangen?«

»Nein, er wollte uns beim Pinkeln erwischen. Das war ganz und gar nicht zum Lachen, wenn man mitten in der Nacht, im Dunkeln, fast umkam, weil man pissen mußte. ›Wenn du schiffst, sprühst du Funken‹, pflegte Mick von seiner Koje herüberzuschreien.«

»Wahrhaftig ein Verrückter«, meldete sich Egbert wieder zu Wort. »Er ging splitternackt im Hof herum und tat so, als ob er einen Hund spazierenführte. Er hatte ein Stück Tau, das war fast brettsteif, das war seine Hundeleine, und er lief herum mit einem unsichtbaren Hund am anderen Ende des

Taus. Die neuen Männer wußten nie, was sie von ihm halten sollten. Wir zogen sie oft auf und sagten zu ihnen: ›Ärgert bloß Mick nicht.‹«

»Wie war das mit den Ausbrüchen?« fragte ich.

»Aye, das war einfach jedesmal toll – eine Spezialität von Domnic«, erinnerte sich Egbert.

»Da war nicht nur Domnic, der die Männer mit den Fluchtversuchen reinlegte«, revanchierte sich Cedric. »Darin war Dipper ganz groß. Die meisten Neuen fielen darauf herein; wir sagten ihnen, sie sollten irgendwie für Ablenkung sorgen«, erläuterte er mir. »Aber natürlich gab es überhaupt keinen Ausbruch. Es war ein reiner *craic*. Die Männer taten vor den Wärtern so, als würden sie ohnmächtig; oder sie hielten Wache mit geschwärzten Gesichtern und zeigten sich stets bereit zu singen, sobald sie ein Geräusch hörten. Natürlich haben wir das immer fein arrangiert. Sobald sie mit ihrem Gesang den Alarm auslösten, machten wir das Licht an. Ha, ha, ha, ich sehe immer noch ihre dummen schwarzen Gesichter vor mir, wenn die gesamte Baracke in schallendes Gelächter ausbrach und sie merkten, daß sie reingelegt wurden.«

»Aye.« Egbert wurde ganz aufgeregt bei dieser Erinnerung. »Und die Wasserschlachten, und das Brot, das auf das Dach einer anderen Baracke gelegt wurde, damit die Möwen zum Frühstück kamen und alle aufweckten.«

»Das hat hier ganz schnell aufgehört«, versetzte Your Man. »Das hat fürchterlichen Ärger gegeben. Scharen von Möwen, die im Morgengrauen auf dem Blechdach herumpicken und sich herumstreiten, das ist nicht sehr kameradschaftlich.«

»Wie war das mit Domnic, der die Neuen soweit bekam, daß sie mit ihren Handtüchern zum Tor marschiert sind und dort auf den Bus gewartet haben, der sie zum Schwimmen abholen sollte?« Egbert war wieder bei seinem Thema. »So was Tolles hat Dipper nie gemacht. Sie standen in einer Schlange am Tor an!« Er brüllte vor Begeisterung bei dieser Erinnerung.

»Und dann gab es diesen jungen Typen, den Dusty, der machte jede Nacht einen Höllenlärm im Bett. Deshalb hat Domnic ein großes Auge auf Dustys Bettdecke gemalt und darunter ›Wir beobachten dich‹ geschrieben. Dusty war wütend. Er drehte die Bettdecke um, aber auf der anderen Seite war ein großes Ohr drauf gemalt, und darunter stand ›Und wir hören dich!‹ Ich dachte, er explodiert, als er das sah.« Egbert konnte sich nicht mehr beruhigen. »Immerhin, er war von da an nachts ein wenig ruhiger als vorher, das muß ich sagen.«

»Ich habe von Dipper gesprochen«, begann Cedric kühn von neuem.

Egbert ignorierte ihn. »Und was ist mit der Beichte? Ich kenne tolle Geschichten über die Beichte. Wenn neue Jungs in Untersuchungshaft gekommen sind, sagten wir zu ihnen, gerade sei ein Priester da, sie könnten zur Beichte gehen, wenn sie wollten, er sei in der Arbeitsbaracke. Das haben wir zu ihnen gesagt, und dabei ganz ernst und väterlich geguckt. Natürlich hat das fast immer funktioniert. Sie marschierten in die Arbeitsbaracke, aber da war kein Priester, sondern ...«

»Domnic«, ergänzte Cedric mit übertrieben imitierenden Gebärden. »Diese Geschichten kennt doch jeder. Er hatte mitten in der Baracke eine Decke aufgehängt, und die Hälfte der Männer aus dem Lager hockte dahinter, die andere Hälfte hing vor der Baracke rum wie die Schmeißfliegen ...«

»Schsch«, unterbrach ihn Your Man. »Laß Egbert das erzählen. Es ist seine Geschichte.«

»Die Geschichte kann jeder erzählen!« protestierte Cedric.

»Ich hab' damit angefangen, also bringe ich sie auch zu Ende«, entgegnete Egbert scharf.

»Das wär das erste, was du zu Ende bringst.«

»Domnic«, sagte Egbert betont langsam und funkelte Cedric an, »Domnic war hinter der mitten in der Baracke aufgehängten Decke. Er trug einen Boxhandschuh. Könnt ihr euch das bildhaft vorstellen? Er begann mit der Beichte wie jeder Priester. Er zog den Jungs sämtliche Sünden aus der Nase, und wenn einer einen besonders gravierenden Verstoß eingestand, schrie er : ›Was hast du getan?‹ und holte mit seinem Boxhandschuh aus! Das war wirklich sehenswert. Ein Arm mit einem Boxhandschuh vorne dran sauste um die Decke. Der Junge, der davor saß, starrte fassungslos darauf, und dann rums, krach!

Und wißt ihr, ha, ha, ha, wißt ihr, daß nie einer hinter die Decke geguckt hat? Nicht einmal die, die ein paar Schläge abgekriegt hatten. Sie gingen einfach weiter zur Beichte. Ha, ha, ha. Ein Junge kauerte sich aus Furcht vor dem Boxhandschuh immer auf dem Stuhl zusammen, wenn er sich was von der Seele redete.«

»Was für Sünden haben sie denn gebeichtet?« erkundigte sich Your Man interessiert.

»Ach, nichts Besonderes. Ich meine, keine furchtbaren Sünden; alles verzeihliche Sünden. Daß sie gelogen haben oder wütend geworden sind, daß sie masturbiert haben – dafür bekamen sie zwei Schläge. Ha, ha, ha. Oh, Domnic war ein rechter Spaßvogel. Ich erinnere mich, wie er einmal ...«

»Ich erinnere mich auch an was«, rief Cedric grimmig entschlossen, endlich seine Geschichte loszuwerden. »Ich kann mich gut erinnern, daß wir unseren doppelten Spaß mit der Beichte gehabt haben damals in unserem Lager, als wir in Untersuchungshaft waren. Da war auch ein Typ, der die Beichte abnahm. Er legte die armen Kerle immer rein und fragte sie, ob sie ein Mädchen hätten oder ob sie je ›Hand an sich gelegt‹ hätten.«

»Das ist unanständig«, warf Egbert ein. »Du traust dich was. Du platzt hier rein, schwafelst rum von Dipper, und dann kommst du mit Sex. So geht's nicht.«

»Gemach, gemach«, schnaubte Cedric ungehalten. »Laß mich erst erzählen.«

»Aye, laß ihn erzählen«, drängte Your Man.

»Also, eines Tages kam ein Neuer, und mit seiner Hilfe legten wir unseren Freund rein.« Er zögerte kurz. »Nennen wir unseren Freund Bloggs. Wir klügelten alles fein aus. Bloggs nahm das Beichtgeschäft wie üblich auf, wir hockten mit ihm zusammen hinter der Decke, und der Neue war auf der anderen Seite.

›Nun, mein Sohn‹, sprach Bloggs, ›hast du eine Freundin?‹

›Ja, Vater, und ich fürchte, ich bin ein bißchen in Schwierigkeiten geraten.‹

Bloggs platzte fast. Er mußte sich gewaltig Mühe geben, nicht laut herauszulachen. ›Er steckt in Schwierigkeiten‹, flüsterte er uns hinter der Decke zu. Energisch riß er sich zusammen und fragte:

›In was für Schwierigkeiten steckst du, mein Sohn?‹

›Sie ist schwanger, Vater.‹

Zu diesem Zeitpunkt«, fuhr Cedric fort, »geriet Bloggs vor Heiterkeit fast außer sich. Er hatte sich schon seinen halben Pullover in den Mund gestopft und stupste uns andauernd an. Er war hoch entzückt.

›Möchtest du, daß ich das Mädchen besuche?‹ fragte er.

›Vater, ich wäre Ihnen sehr zu Dank verpflichtet, wenn Sie das täten. Sie wohnt in Andersonstown.‹

›Da wohne ich auch‹, flüsterte uns Bloggs zu, den Mund halbvoll mit dem Pullover. Sein Gesicht wurde röter und röter, und Tränen liefen ihm über das Gesicht vor lauter Anstrengung, nicht laut herauszuplatzen.

›Und wo in Andersonstown, mein Sohn?‹

›In Andersonstown Terrace, Vater.‹

›Awh‹, keuchte Bloggs. Er lag fast am Boden, die Tränen tropften ihm über das Gesicht, und ein paar Kicherer drangen durch den Pullover. ›Da wohne ich auch. Das ist ja ein Ding!

Und wie heißt das Mädchen?‹ fragte er schließlich, als er sich etwas gefaßt hatte.

›Bloggs, Vater. Ihren Vater kennen Sie vielleicht.‹«

»Phantastisch.« Egbert stieß einen Pfiff der Bewunderung aus, und wir anderen brachen in Beifall aus. »Das ist wirklich ein tolles Ding. Was ist dann passiert?«

»Der Teufel war los. Bloggs sauste durch die Decke und warf sich auf den armen Kerl. Er hat ihm nie, nie verziehen. Es kostete uns beträchtliche Mühe, ihn davon zu überzeugen, daß wir ihn nur auf den Arm genommen haben.«

»Wie damals, als die Briten reinkamen und Ed zu einem offenen Kampf aufforderten«, erzählte Egbert. »Als er ablehnte, wurden sie wütend, nannten ihn einen falschen Fuffziger und Drückeberger und schlugen ihn zusammen. Ed war am Boden zerstört. Es machte ihm weiter nichts aus, zusammengeschlagen zu werden, aber was war mit seinem Stolz? Er war schon immer stolz. Und nun war sein Stolz verletzt, weil sie ihn einen falschen Fuffziger und Drückeberger genannt hatten. Später fanden wir heraus, daß es Todlers Schuld war. Ohne Eds Wissen hatte er eine Notiz unten an Eds Bett geheftet mit der Warnung, Ed sei eine zähe, wüste Kampfmaschine. Ein richtiger Britenfresser. Der arme Ed konnte keiner Fliege etwas zuleide tun. Die Brits verstanden kein bißchen Spaß. Der arme Ed auch nicht. Ed war fürchterlich wütend auf Todler wegen der Sache.«

»Wie du, als du hochgegangen bist, weil man dir die Hosenbeine deiner Jeans zugenäht hatte. Das war an dem Morgen, als die britische Armee die Razzia gemacht hat.« Cedric kicherte.

»Ich bin nicht hochgegangen«, widersprach Egbert. »Ich war lediglich ein bißchen aufgebracht. Es war nicht anständig, vor den Briten einen Idioten aus mir zu machen. Das ist nicht die feine republikanische Art.

Im Grunde hat es mich auch nicht wirklich geärgert, daß meine Jeans zugenäht waren. Ich hab' gleich kapiert, was da nicht stimmt, als ich herumgestolpert bin und nicht durch die Beine kam. Ich war erst sauer, als ich andere Hosen aus meinem Schrank holte, und die waren auch zugenäht, und dann auch noch die Ärmel von meiner Jacke! Ich bin nie dahintergekommen, wer das getan hat. Ich habe drei Tage Einzelhaft gekriegt, weil ich einen Brit geschlagen habe, der mich ausgelacht hat. Das war nicht komisch.«

Wir lachten alle. »Du warst immer so wütend deshalb, da hat sich keiner zu sagen getraut, wer es war«, sagte Cedric. »Aber jetzt bist du anscheinend darüber weg. Ich sag' es dir mit dem größten Vergnügen.«

Wir warteten gespannt. Er blieb unter der Barackentür stehen.

»Willst du es wissen, Egbert?« reizte er ihn.

»Cedric, es ist mir wirklich egal. Ich will es gar nicht wissen. Man wird immer wieder mal auf den Arm genommen und reingelegt, aber das damals war eben nicht in Ordnung. Ich möchte mich aber heute mit niemandem deswegen noch herumstreiten, also behalt es lieber für dich.«

»Ganz wie du willst, alter Freund«, erwiderte Cedric und schlug die Tür hinter sich zu. Eine Sekunde später öffnete sich die Tür wieder, und er streckte den Kopf herein. »Wer hast du gesagt, war der größte Witzbold?«

»Domnic«, antwortete Egbert ohne zu zögern.

»Du hast recht.«

»Was?«

»Du hast recht!«

»Aber du hast doch gesagt, das sei Dipper gewesen.«

»Ja, schon, aber Dipper hat nicht alle deine Klamotten zugenäht. Das war erstklassig. Und das war Domnic.«

Die Tür knallte zu.

»Wißt ihr«, sagte Egbert und blickte voller Abscheu in unsere lachenden Gesichter, »in ganz Irland gibt es Klugscheißer, aber die meisten von ihnen hat die britische Regierung in dieses Lager in Long Kesh gesteckt und mich dazu. Vergeßt es bloß nicht«, fuhr er uns an, »vergeßt das bloß nicht: Wer zuletzt lacht, lacht am besten. Einmal bringe ich euch alle miteinander auf die Palme!«

# Lieber John

»Was?!« rief ich aus.

Your Man seufzte traurig. Er lehnte sich auf seinem Stuhl zurück, bis er auf zwei Beinen kippelte und mit der Lehne an die Wand der Arbeitsbaracke anschlug. Vorsichtig zog er seine Beine unter dem Tisch hervor und balancierte mit dem Stuhl, die Füße auf die Tischplatte gelegt. Er starrte zur Decke und schluckte schwer. Den Blick von mir abgewandt, antwortete er: »Sinead hat mich verlassen. Sie hat die Kinder mitgenommen und lebt jetzt in England.«

»Wann hast du das erfahren?«

»Heute. Beim Besuch. Das heißt, seit heute weiß ich es definitiv. Davon geredet hat sie schon früher; wir beide haben darüber gesprochen. Erinnerst du dich, letztes Jahr? Als ich dir sagte, sie kommt nicht, weil sie krank ist? Also, sie war nicht krank. Sie hatte nur die Nase voll von den Durchsuchungen und der britischen Armee draußen und von den Wärtern, wenn sie mich besuchte. Und dann das ganze Theater, mit allem mußte sie allein fertigwerden, und der Ärger mit den Kindern. Bevor wir wußten, wie uns geschieht, war die halbe Stunde schon um, und wir mußten wieder auf die nächste halbe Stunde warten – eine Woche später.«

Your Mans Stimme klang erschreckend ruhig. Er blickte weiter unverwandt zur Decke hinauf.

»Was alles noch schlimmer machte, war, daß wir nicht in einer republikanischen Gegend wohnen.« Er verbesserte sich. »Gewohnt haben. Sie mußte auf eigene Faust mit dem Wagen ihres Bruders herkommen. Wie du weißt, kommen unsere Leute normalerweise mit dem Bus, na ja, jedenfalls die meisten, und auf der Fahrt haben sie ein bißchen *craic*, und, du weißt, das hilft. Sinead fühlte sich immer ein bißchen als Außenseiterin.«

»Hättest du doch was gesagt. Bestimmt würden viele von unseren Leuten sie gerne ein bißchen unterstützen«, protestierte ich. »Sie könnte doch – also sie könnte doch mit Colette und Anne-Marie und der ganzen Clique ausgehen. Warum sorgst du nicht dafür, daß ...«

»Nawh, Kumpel, es ist zu spät«, unterbrach er mich. »Du brauchst dir deshalb keine Vorwürfe zu machen. Ich habe ihr das alles auch vorgeschlagen. Ich habe sogar meine Schwester überredet, sie rauszubringen. Nawh, darum geht es nicht. Sinead hat einfach nicht deshalb geheiratet. Sie hat geheiratet, um verheiratet zu sein. Es ist nicht ihre Schuld. Es ist ein Wunder, daß sie es so lange ausgehalten hat – drei Jahre jetzt. Unser Sean ist fünf, die kleine Mairead fast vier. Sie hatten bisher alle nicht viel vom Leben, was?«

Er schwang die Beine vom Tisch und beugte sich auf dem Stuhl vor. Zusammengekrümmt saß er da und starrte mit leerem Blick auf die Tür der Arbeitsbaracke. Ich sah Tränen in seinen Augen aufsteigen.

»Die Kinder werden mir fehlen«, erklärte er schließlich, sog die Wangen ein und stieß die Luft mit einem langen, tiefen Atemzug aus. »Deshalb ist Sinead erst heute gegangen. Sie wußte, ich wollte die Kinder noch mal sehen.«

»Vielleicht macht sie nur eine Phase durch. Sobald die überstanden ist, ist alles wieder in Ordnung«, meinte ich.

»Nawh.« Your Man lächelte mich schmerzlich an. »Das ist keine Phase. Das bleibt. Sinead ist Realistin. Ich habe noch neun Jahre vor mir, wie du weißt. Das kann man nicht gerade eine Zukunft nennen. Deshalb haben wir beschlossen, uns zu trennen.«

»Du hast zugestimmt!« rief ich aus.

»Aye«, antwortete er. »Was hast du erwartet? Ich war erledigt, verurteilt. Ich hatte keine Wahl. Wahrscheinlich sehe ich die Kinder im Sommer. Sie kommen wohl mit ihrer Mutter zu Besuch, und meine Leute bringen sie her, damit wir uns sehen können. Vermutlich haben die Kinder dann einen kleinen englischen Akzent. Wer hätte gedacht, daß alles einmal so kommt? Die arme Sinead; die armen Kinder. Und ich bin auch arm dran.« Er verzog den Mund zu einem kleinen vorgetäuschten Lächeln und stand auf.

»Es ist schwer.« Er zeigte wieder dieses kleine, traurige Lächeln.

»Los komm, machen wir einen Spaziergang. Es ist kein Grund, daß wir beide in eine Depression versinken. Mir geht's gut, ich bin froh, daß ich mit jemandem darüber sprechen konnte. Du bist der erste, außer Sinead, mit dem ich darüber gesprochen habe. Daran siehst du, welcher Art die freundschaftlichen Beziehungen hier drin sind. Übrigens, sag Egbert oder Cedric nichts. Ich sage es ihnen morgen.«

Wir zogen die Tür der Arbeitsbaracke hinter uns zu. Die Nacht war sternenklar und hell. Wir blieben stehen, zögernd, unserer selbst nicht sicher.

»Weißt du genau, daß sie geht?« fragte ich, eigentlich nur, um irgend etwas zu sagen.

»Ihr Flugzeug ist vor zehn Minuten in Aldergrove gestartet«, antwortete Your Man, und ein Anflug von Ungeduld schwang in seiner Stimme mit.

»Es tut mir leid«, sagte ich. »Ich wollte dich nicht mit dummen Fragen ärgern.«

»Schon in Ordnung. Es ist nicht deine Schuld. Niemand hat Schuld. So ist nun mal das Leben, wie mein Vater zu sagen pflegte. Das einzige Problem ist ...«

Er lief los. Ich fiel in seinen Schritt ein.

»Das einzige Problem, Kumpel, ist, daß ich Sinead liebe, und Sinead mich liebt. Immer noch.«

Er verharrte mitten im Gehen, und zum erstenmal sah er mir in die Augen. »Das verstehst du nicht, was?«

Ich schwieg.

»Tja, vielleicht hast du recht«, fuhr er fort. »Ich versteh' es auch nicht. Aber ich glaube es und werde es weiterhin glauben«, behauptete er entschlossen, »bis ich dazu imstande bin, mit dem Schlamassel zurechtzukommen. Vielleicht bin ich dann fähig, an etwas anderes zu glauben. Okay? Aber vorher nicht. Okay?«

»Okay«, antwortete ich.

»Weißt du, warum ich es glauben muß?« fragte er kurz darauf. »Weißt du, warum?« Er sprach weiter, ohne eine Antwort abzuwarten. »Weil an diesem Ort hier«, sagte er und wedelte mit der Hand heftig in Richtung auf das Gewirr aus Zäunen, Stacheldraht, Lichtern und Wachtürmen, das uns umgab, »weil man hier an diesem Ort an etwas glauben muß, und im Augenblick habe ich nicht besonders viel, woran ich glauben kann. Aber ich glaube, daß Sinead mich liebt.«

Er funkelte mich grimmig an. Tränen des Zorns, der Enttäuschung und des Kummers traten wieder in seine Augen.

»Sie konnte es einfach nicht ertragen. Das ist nicht ihre Schuld. Okay?«

»Okay, alter Freund«, sagte ich ruhig.

»Und weißt du noch was?« fragte er.

»Was?«

»Ich bin am Arsch.« Seine Stimme wurde brüchig. »Okay?«

»Okay«, antwortete ich.

Ich sah ihn nicht an. Ich brauchte ihn nicht anzusehen. Ich wußte, er weinte. Nicht in schluchzenden Krämpfen, die den Körper erschüttern, nicht in unkontrolliertem, unfaßbarem Schmerz; nein, Your Man weinte die stillen, stolzen und würdevollen Tränen eines Menschen, der sich nach einer Liebe sehnt, die inzwischen verloren gegangen ist. Er war fast königlich in seinem Leid.

Er sah mich nicht an. Er brauchte mich nicht anzusehen. Er wußte, ich weinte mit ihm, traurige kleine Tränen der Solidarität und Liebe. Niemand in Long Kesh sah uns in dieser Nacht weinen, als wir langsam im Hof umherwanderten. Oder wenn doch, wir haben niemanden bemerkt. Wir waren unzugänglich für unsere Umgebung.

Wir dachten, jeder auf seine Weise, an Sinead und die beiden Kinder, die hoch über der Irischen See in einem Flugzeug saßen. Your Man hat sie mir gegenüber nie wieder erwähnt, das ist jetzt fast zwei Jahre her. Und sie kam nie zurück.

# Nollaig Shona Dhaoibh

»*Nollaig shona dhaoibh* – euch allen frohe Weihnachten«, rufe ich fröhlich in die stille Baracke. »Ho ho ho.«

»Das ist mein viertes Weihnachten im Gefängnis«, erwidert Your Man. »Vier verdammte Weihnachten in Long Kesh.«

»Dann hast du die beiden, die du in Cork verbracht hast, nicht mitgerechnet«, werfe ich ein.

»Ich ging nur nach Cork, um Leute wie dich wieder nach Hause zu schicken«, entgegnet er in berechtigtem Zorn über mich und mein blödes Grinsen. »Weißt du«, fährt er fort, »die Stille in dieser Baracke treibt einen in den Wahnsinn. Es ist wie in einem Leichenschauhaus.«

Genauso ist es.

»Ich drehe ein paar Runden im Hof. Hast du Lust mitzukommen?« frage ich.

»Ich komme nach. Geh mit Egbert und Cedric voraus.«

»Wir kommen auch nach«, sagt Egbert. »Wir sind gleich fertig damit.«

Er und Cedric legen gerade letzte Hand an ein Häuschen für Egberts kleines Mädchen. Eines für Cedrics Nichte hatten sie bereits fertig.

»Ihr solltet das überhaupt nicht in der Baracke machen«, schelte ich in vorgetäuschter Mißbilligung. »Wir müssen hier drin leben. Bei euch sieht's aus wie in einem Pennerheim.«

»Es ist Weihnachten«, braust Cedric auf. »Kümmere dich um deinen Kram wie jeder anständige Mann. Du willst doch ein kleines Mädchen nicht um ein Häuschen für seine Puppe bringen. Oder doch?«

»Ihr kennt mich«, sage ich. »Immer nutzt ihr meine Gutherzigkeit aus. Ich seh' euch draußen?«

»Dauert nicht mehr lange.«

Draußen ist es kalt. Long Kesh wirkt fast wie ausgestorben. In unserem Lager sind nur Gerry Rooney, Tomboy, der kleine Dickie und der große Sid im Hof unterwegs. Sie nehmen mich vergnügt auf den Arm, weil ich allein bin. In der Arbeitsbaracke proben Bik und Bobby Sands für das

Weihnachtskonzert. Ich lehne mich an den Türrahmen und höre zu. Endlich hört ihre Melodiensucherei auf der Gitarre auf und Bobbys klare Stimme erhebt sich zu »Stille Nacht«.

*Óiche chiúin, óiche Mhic Dé*
*Cách in suan, dís araon*
*Dís is dílse's faire le spéis*
*Naíon beag groígheal*
*Ceannann tais caomh*
*Críost ina chodladh go séimh*
*Críost ina chodladh go séimh.*

Ungefähr um die gleiche Zeit flogen gestern abend vier Schwäne über uns hinweg und verschwanden im Sonnenuntergang. Ich und Your Man gingen allein im Hof spazieren. Ein Kamerad, Madra Rua, fütterte die Möwen in Lager Zehn, und Egbert und Cedric hatten eines ihrer kleinen Häuschen, das sie frisch gestrichen hatten, zum Trocknen nach draußen vor die Baracke gestellt.

Es war eine merkwürdig anmutende Szenerie in der beginnenden Dämmerung. Die untergehende Sonne verlieh den Lichtern im Lager eine düstere Kälte. Die Möwen stießen ihr hysterisches Klagegeschrei aus und segelten vom Küchentrakt herbei, um einen späten Imbiß zu ergattern, und das Häuschen für das Mädchen stand weiß, still und einsam auf dem schwarzen Teer. Die Wachtürme der Wärter überspannten breitbeinig den freien Raum zwischen den einzelnen Lagern und blickten verdrießlich auf uns herab. Und während die letzten Farben der Sonne verblaßten, nach einem magischen Moment völliger Stille, hörten wir den schweren Flügelschlag. Die Schwäne flogen in einer Reihe über uns hinweg, sie folgten der Sonne, die sich vor ihnen zurückzog.

Heute abend überzieht eisiger Reif den Hof, Eiszapfen hängen von den Baracken, und auf dem Zaun hat der Frost Jalousien angebracht. Sie verwandeln den Zaun in eine mattgrau schimmernde Wand. Wenn man direkt von vorn auf den Zaun blickt, sieht man nur eine scheinbar massive Mauer. Von der Seite kann man durch die Eisjalousien hindurchblicken, und der Fußballplatz mit seinen

Wachtürmen rückt mitten ins Blickfeld. Am vorderen Tor präsentiert ein Rotkehlchen stolz seine rote Brust, und ein Paar buntgefiederte Bachstelzen patrouillieren auf ihrem Territorium zwischen den Lagern. Die Wärter, eingehüllt in die Mäntel ihrer Winteruniformen, frösteln auf den Wachtürmen, jämmerliche Spiegelbilder dessen, was sie überblicken.

Zu meiner Linken recken sich die Suchscheinwerfer auf den H-Blocks hoch über uns hinweg. Könnte man in die Zellen blicken, sähe man junge POWs auf dem Boden sitzen oder liegen, alle in der Ecke ihrer Zelle. Um halb acht am Morgen wurde das Frühstück hereingebracht ...

*Die Zellentür öffnet sich, frische Luft weht herein.*
*Jeder hebt den Kopf, erhascht einen Blick auf den Himmel.*
*Freier Geist sehnt sich nach dem Himmel der Freiheit,*
*Weißt du, daß Menschen wie du im Gefängnis schmachten?*

So beschreibt es Ho Chi Minh in seinem Gefängnistagebuch. Manche Dinge sind allgemeingültig. In den H-Blocks sitzt der POW, eingehüllt in eine Decke, soweit weg vom Pißtopf mit schalem Urin, wie es die kleine Zelle erlaubt, und ißt den Brei vom Tablett.

Letztes Jahr bereiteten sich republikanische Gefangene im Crum, in Armagh, Long Kesh, Magilligan, Portlaoise, im Curragh, in Mountjoy und Limerick auf Weihnachten vor.

Letztes Jahr warteten republikanische Gefangene in Hull, Wormwood Scrubs, Wakefield, Albany, Strangeways, Long Lartin, Gartree, Winchester, Winston Green, Parkhurst, Durham, Walton Leicester, Bristol, Aylesbury und Perth auf die Weihnachtszeit. Dieses Jahr bereiten sie sich erneut darauf vor. In jedem Kampf ist es das gleiche. Auch für einen Vietnamesen in einem Gefängnis in Südchina ...

*In der kalten Herbstnacht, ohne Matratze, ohne Decken, mit gekrümmten Rücken liegend, die Beine eng angezogen, versuche ich vergeblich zu schlafen. Das Mondlicht auf den Pisangbäumen*

*Verstärkt das Gefühl der Kälte, durch die Fenstersprossen zieht der Große Bär herauf und blickt herein.*

Überall in Irland und England warten Familien auf den Tag von Christi Geburt. In vielen Häusern ist Weihnachten dieses Jahr nur noch eine Erinnerung an längst vergangene Weihnachtsfeste. Ein Zuhause ist eine Familie. Im Gefängnis ist die Familie, das Zuhause, nur eine Erinnerung.

Wenn man nur Erinnerungen hat, ist Weihnachten eine einsame Zeit. Aber Erinnerungen halten uns zusammen. Die Erinnerungen an die Vergangenheit verleihen uns die nötige Entschlossenheit, die Gegenwart zu ertragen und für die Zukunft bereit zu sein.

Kieran Nugent ist seit vier Monaten in Einzelhaft, eingehüllt in eine Decke. Keine Weihnachtskarten, keine Stechpalmen, kein Mistelzweig, kein Truthahn. Kein Lametta, kein Weihnachtsbaum. Dem Nikolaus ist es verboten, Gefangene zu besuchen. Die materialistische Seite von Weihnachten ist ausgesperrt. Aber etwas Empfindsameres, etwas Besseres, etwas Heiligeres ist eingesperrt. In den Zellen allüberall ist der Geist von Weihnachten inhaftiert.

Ich seufze laut. Bik öffnet die Tür der Arbeitsbaracke. Das plötzliche Geräusch reißt mich aus meinen Grübeleien. Er und Bobby treten auf den Hof hinaus.

Auch sie nehmen mich vergnügt auf den Arm.

»Haben dich die Jungs endlich im Stich gelassen?«

»Ich halte es kaum aus«, antworte ich.

Sie lachen und gehen in ihre Baracken. Es ist kalt, ich stampfe mit den Füßen und gehe in die Mitte des Lagers. Den Kopf in den Nacken gelegt, blicke ich zum Himmel hinauf. Ich kann endlos weit sehen. Der pechschwarze Himmel mit Tausenden von uns gestickten Bethlehem-Sternen erstreckt sich bis in alle Ewigkeit. Ich denke an ein anderes Fest, in einem anderen Land, an ein anderes Gedicht von Ho Chi Minh.

*Auch im Gefängnis feiern wir das Herbstfest, Herbstmond*
*und Wind bringen uns einen Hauch von Traurigkeit.*
*Der Freiheit beraubt, sich des Herbstmondes zu erfreuen,*
*Begleitet mein Herz ihn auf seinem Weg über den Himmel.*

»Er hat ein steifes Genick.« Egbert, Cedric und Your Man treten aus der Baracke und kommen auf mich zu.

»Was?« frage ich ein wenig verdattert.

»Ich sagte, mit deinem Genick kann irgendwas nicht stimmen, weil du so dastehst.«

»Nein, meinem Genick fehlt nichts. Ich dachte nur nach.«

»Du erwartest doch wohl nicht, daß wir das glauben, du Dummkopf. Um zu denken, braucht man Hirn.«

»Schon gut, schon gut. Drehen wir 'ne ordentliche Runde. Ich kann einen langen Spaziergang vertragen.«

»Er ist fertig«, glucksen sie vergnügt.

»Am Boden zerstört«, sagt Egbert lachend.

»Woran hast du gedacht?«

»Hauptsächlich an Weihnachten und an Gedichte. Ich lese gerade ein Buch von Ho Chi Minh, seine Gefängnisgedichte. Eben dachte ich an Weihnachten und an die Menschen im Gefängnis, hier, in Südafrika, in Großbritannien, auf der ganzen Welt.« Seite an Seite gehen wir langsam über den Hof.

»Mauern und Gitter machen noch kein Gefängnis«, gibt Your Man zum besten.

»Aber sie sind verdammt hilfreich dabei«, sagt Cedric.

»Das Gefängnis soll unseren Geist brechen. Das System basiert auf der Ausnutzung menschlicher Schwächen. Es ist strafend. Es ist darauf ausgerichtet, uns zu institutionalisieren, unsere Individualität auszumerzen«, hebt Egbert an.

Cedric spottet: »Ein Haufen großer Worte! Du hast wohl ein Wörterbuch gefressen.«

»Ich sage nur, daß das Gefängnis den Geist, der frei sein will und sich weigert, sich unterdrücken zu lassen, nicht unterdrücken kann.«

»Ach, laßt gut sein, Kumpels«, sagt Your Man. »Wir wollen nicht zu bedeutungsvoll werden. Heute ist nicht das Ende der Welt. Es ist Weihnachten. Umarmen wir uns.«

Er packt uns, und wir ringen miteinander wie ein paar Rowdys, schubsen uns, zerren aneinander und treiben allerhand Unfug, machen derbe Späße und schreien durcheinander.

»Schon besser.« Cedric keucht, als wir uns voneinander lösen. Wir alle atmen schwer, unsere Gesichter sind rosig und die Augen blank von der Anstrengung.

»Gehen wir rein und trinken einen Becher Tee«, schlage ich vor, befreit von meiner Melancholie.

»Brr, langsam mit den jungen Pferden. Da ist Madra. Im Zoo ist Fütterungszeit.«

Wir bleiben am Zaun stehen und schauen hinüber in Lager Zehn, wo Madra Rua gerade seinen Behälter mit Essensresten im Hof absetzt.

»Ihr seid anscheinend guter Stimmung«, ruft er. »*Nollaig shona dhaoibh!*«

Wir sehen ihm zu, wie er auf die Ankunft der Möwen wartet. Sie kommen pünktlich wie auf Bestellung, kreischen und schreien in großen Schwärmen, hundert, vielleicht auch zweihundert Vögel. Es erinnert einen an Bangor, Ardglass oder, an einem Ort wie diesem, an das obere Ende der Duncrue Street. Ein Saatkrähenpaar flattert zwischen den Möwen herum, und eine einzelne graue Nebelkrähe starrt von ihrem günstigen Aussichtspunkt auf dem Lagerzaun verächtlich auf ihre ungehobelten Verwandten.

»Wie lange macht er das jetzt schon?« fragt Your Man.

»Zu lange«, sagt Cedric.

»Seit der Papst Ministrant war«, sagt Egbert.

»Sind nicht mehr viele von uns übrig«, ruft er Madra zu.

Madra winkt zurück. Er beendet die Fütterung seiner Vögel. Eine junge Möwe, gieriger als ihre Gefährten, hat es eilig, sie will unbedingt noch einen letzten Bissen erhaschen. Sie streift den oberen Stacheldraht, gerät in Panik und fällt kreischend in die Stacheldrahtrollen. Ein schnelles, hysterisches Geflatter, und sie ist gefangen. Die Flügel verhaken sich in den Stacheln. Winzige Eissplitter wirbeln auf und fallen spiralförmig zu Boden. Die Möwe zappelt hin und her, halbverdaute Nahrung kommt vom Magen zurück in den Schnabel, und winzige rote Blutstropfen besudeln ihre Brust.

Madra Rua sieht sie sich kurz aus der Nähe an. Er verschwindet und kommt mit einem Tisch zurück. Ein jüngerer Kamerad mit einem Stuhl in der Hand folgt ihm auf den Fersen, und gemeinsam errichten sie eine behelfsmäßige Tribüne. Der jüngere Mann klettert hinauf. Die Möwe hackt nach ihm. Sie fechten ein kurzes Duell aus.

Madra hält den wackligen Tisch fest und erteilt Ratschläge. Langsam beruhigt sich die Möwe. Der junge Mann packt sie am Genick und befreit einen ihrer Flügel. Ich sehe, daß der Stacheldraht Widerstand leistet. Ein Stachel reißt das Fleisch auf, die Möwe kämpft wieder. Ein letzter Ruck und sie ist frei, baumelt unsanft auf Armeslänge herab. Dann ein langsamer, unbeholfener Plumps auf den Boden.

Wir brechen in Beifallrufe aus. Your Man tritt vor Begeisterung gegen den Zaun und schlägt darauf ein.

»Gut gemacht, Madra. Ihr seid phantastisch!« rufen wir ihm und seinem Kameraden zu.

Madra grüßt mit triumphierend erhobenem Daumen. Sein Freund ruft einen Weihnachtsgruß herüber. Madra stellt sich vor die Möwe und fuchtelt mit den Armen. Zögernd erhebt sie sich vom Boden, sie fliegt langsam und ungeschickt, aber sie schafft die Zäune. Wir beobachten, wie sie erschöpft über den H-Blocks verschwindet, vorbei am Wachturm der britischen Armee, außer Sicht und in der Freiheit.

Jetzt ist wieder alles ruhig. Your Man, Cedric, Egbert und ich setzen langsam unsere Runde im Hof von Lager Elf fort. Wir denken an unsere Familien, an unsere Freunde und Feinde und an Unbeteiligte, die ein einsames Weihnachtsfest überstehen müssen, weil sie geliebte Menschen im irischen Kampf verloren haben. Unsere Gedanken sind auch bei den Frauen in Armagh und den nackten, in Einzelhaft verwahrten Männern in den H-Blocks.

Kurz vor dem Einschließen kehren wir in die Baracke zurück. Your Man und Egbert machen Tee. Cedric und ich bestreichen ein paar Brote mit Butter. Your Man reicht den Tabak herum.

»Sagt bloß nicht, ich hätte euch nichts zu Weihnachten geschenkt«, sagt er.

»Nerv mich nicht«, antwortet Cedric, während er für uns alle Zigaretten dreht. »Wollt ihr ein Gedicht hören?«

»Nawh«, antworten wir alle im Chor.

»Es bleibt euch wohl nichts anderes übrig«, erklärt er uns unnachsichtig und räuspert sich.

»*Weihnachtsscheite verbreiten Wärme,*
*Licht spiegelt sich auf froh erhobenen Gläsern;*

*Jesus, gestorben wie die Menschlichkeit,*
*Gleichgültigkeit nagelte sie ans Kreuz.*
Was haltet ihr davon?«

Wir ignorieren ihn.

»Ich habe euch gefragt, was ihr davon haltet.«

»Das ist so richtig schön weihnachtlich«, antwortet Your Man. »Gerade das Richtige, um uns aufzuheitern.«

»Mir wäre ein bißchen was Festlicheres lieber«, murmle ich.

»I'm dreaming of a white Christmas«, singt Egbert leise.

»Rudolph the red-nosed reindeer«, orgelt Your Man.

»Ach, haltet die Klappe.« Cedric grinst. »Macht doch was ihr wollt.«

»Ebenso!« brüllen wir ihn an.

Draußen beginnt es zu schneien. Lager Elf in Long Kesh richtet sich auf das unbehagliche Überwintern in der Weihnachtszeit ein. Der OC der Baracke löscht die Lichter. Die Baracke badet im orangefarbenen Schimmer der Lichter auf dem äußeren Zaun. Schneeflocken wirbeln an das Fenster. Der Wind heult durch den Zaun und den Stacheldraht.

»*Óiche mhaith*, Kumpels«, ruft Egbert unter seinen Decken hervor.

»Vorwärts, auf in die Freiheit«, antwortet Your Man. *»Tiocfaidh ár lá«*, brüllt er.

*»Nollaig shona dhaoibh«*, sagt Cedric. *»Nollaig shona dhaoibh*, Kameraden.«

*»Nollaig shona«*, antworten wir.

# Nachwort
von Albrecht Meier

Als ich einem Freund erzählte, ich sei gerade dabei, ein Nachwort zu den Gefängnismemoiren des nordirischen Politikers Gerry Adams zu schreiben, bekam ich eine lakonische Antwort: Man könne sich bei den immer zahlreicher werdenden Bürgerkriegen die Namen der Bandenchefs kaum noch merken – abgesehen vielleicht von Radovan Karadzic, wegen seines einprägsamen Psychiater-Berufs. Wer aber sei Gerry Adams?

Die Welt ist unübersichtlicher geworden seit dem großen Umbruch des Jahres 1989. Unzählige regionale Auseinandersetzungen auf dem Gebiet der ehemaligen UdSSR und ein Krieg mitten in Europa – in Bosnien – halten uns seitdem in Atem. Darüber ist ein Konflikt in Vergessenheit geraten, der sich ebenfalls auf unserem Kontinent – und dazu noch innerhalb der Grenzen der Europäischen Union – abspielt und seit 1969 über 3200 Menschenleben gefordert hat: der Bürgerkrieg in Nordirland. Für spektakuläre Fernsehbilder taugt dieser Krieg mit seinen blitzartig auftretenden Terrorkommandos meistens nicht.

Wenn Nordirland in diesen Tagen dennoch ins Blickfeld der Öffentlichkeit gerät, dann deshalb, weil es »den Protestanten« und »den Katholiken« nach über 25 Jahren Gewalt nun doch gelingen könnte, eine tragfähige Lösung für ihr Zusammenleben in der Unruheprovinz zu finden. Zu diesem Friedensprozeß gehörte im vergangenen Jahr auch die Aufhebung des Rundfunk- und Fernsehbanns, dem Mitglieder von Sinn Fein, des politischen Flügels der Irisch-Republikanischen Armee (IRA), jahrelang in Großbritannien und Irland unterlagen.

Diejenigen, die hierzulande etwas mit dem Namen von Gerry Adams anfangen können, kennen ihn meist als den »Mann mit der Synchronstimme«. Das britische Fernsehen, das nach einem Regierungsbeschluß aus dem Jahr 1988 keinen O-Ton von Sinn-Fein-Politikern mehr senden durfte, brachte dennoch in den vergangenen Jahren regelmäßig Interviews mit Parteichef Adams – dessen Worte Schauspieler sprachen.

Am 31. August 1994 rief die IRA, die für die Vereinigung Nordirlands mit dem Rest der Grünen Insel kämpft, einen Waffenruhe aus. Doch im vergangenen Vierteljahrhundert hat zu oft schon die Hoffnung auf Frieden in Nordirland getrogen. Der letzte längere Waffenstillstand der IRA hielt von Weihnachten 1974 bis Ostern 1975 – eine Phase übrigens, in die auch die in diesem Buch beschriebene Gefängniszeit von Gerry Adams fällt. Im Jahr 1976 fielen wieder 297 Menschen dem katholischen und protestantischen Terror in der Provinz zum Opfer. Zum Vergleich: Im Schreckensjahr 1972, als Nordirland praktisch in den Zustand der Anarchie fiel, wurden 467 Tote gezählt, seit 1977 sind jedes Jahr durchschnittlich knapp 100 Opfer in Ulsters traurige Terrorstatistik eingegangen.

Nun gibt es also erneut Anzeichen für eine friedliche Lösung. Dem wieder in Gang gekommenen Annäherungsprozeß liegt die Erkenntnis zugrunde, daß die IRA ihren bewaffneten Kampf gegen die britische Armee in Nordirland zwar nicht gewinnen, daß es andererseits aber auch keine Lösung unter Ausschluß der Untergrundorganisation geben kann. So hat die Londoner Regierung inzwischen mit der IRA-Partei Sinn Fein Verhandlungen aufgenommen, gleichfalls mit den Vertretern der protestantischen Terrororganisationen, die im Oktober 1994 ebenfalls eine Waffenruhe verkündeten. Die in Nordirland stationierten Soldaten der britischen Armee tragen jetzt Barette statt der gewohnten Helme, die Geschäftswelt von Belfast erlebt einen ungewohnten Einkaufsboom, und Gerry Adams, eine der Hauptfiguren in dem politischen Dreieck zwischen der Republik Irland, Nordirland und Großbritannien, darf im heimischen Fernsehen nun auch wieder mit seiner Originalstimme auftreten.

Gerry Adams ist eine umstrittene Person. Seine Partei, die Sinn Fein (»Wir selber«), kommt bei Wahlen in der Republik Irland kaum über zwei Prozent, und in Nordirland, wo die katholische Minderheit rund ein Drittel der Bevölkerung ausmacht, sind es auch gerade gut zehn Prozent. Kritiker werfen ihm vor, seinen Einfluß auf die Politik in Nordirland allein dem terroristischen Drohpotential der IRA zu verdanken. Der britische Geheimdienst behauptet, Adams sei von 1976 bis 1978 Generalstabschef der IRA gewesen. Adams hat immer wieder bestritten, jemals Mitglied der Untergrundorganisation gewesen zu sein, doch er hat den Terror nie rundheraus verurteilt. Als Wahlkämpfer trat er mit dem Slogan an, Sinn Fein müsse »mit dem Gewehr in der einen und mit dem Stimmzettel in der anderen Hand« Politik machen, und aus seiner Unterstützung für die IRA-Untergrundkämpfer machte er nie ein Hehl: im vorliegenden Buch wird das deutlich in Adams' Ehrenrettung des IRA-Mannes Danny Lennon, der im August 1976 am Steuer seines Wagens erschossen wurde und dabei drei Kinder mit in den Tod riß. Daß man Sinn Fein und die IRA getrost in einem Atemzug nennen kann, zeigte sich zuletzt auch im Oktober 1993, als Adams den Sarg eines IRA-Terroristen trug, der in einem Fischgeschäft an der von Protestanten bewohnten Shankill Road in Belfast eine Bombe gelegt hatte und bei der Explosion zusammen mit zehn weiteren Opfern getötet wurde.

Ist Adams also ein Ex-Terrorist, der sich nun der Welt als moderater Politiker verkaufen will? Der Hinweis darauf, daß Adams innerhalb der republikanischen Bewegung stets eher zu den »Tauben« als zu den »Falken« zählte, beantwortet diese Frage nur unvollständig. Man muß wissen, daß Adams und seine Mitstreiter ihre historischen Vorbilder im irischen Unabhängigkeitskampf gegen Großbritannien haben. Wie einem Mann mit dem nicht gerade typisch irisch klingenden Namen Eamon de Valera zu Beginn des Jahrhunderts der Aufstieg vom Untergrundkämpfer zum irischen Ministerpräsidenten gelang, so hofft auch Gerry Adams, eines Tages in einem vereinigten Irland seinen Platz zu finden. De Valera machte sich beim Osteraufstand des Jahres 1916, den die Briten blutig niederschlugen, aufgrund seines Durchhaltevermögens einen Namen, wurde im folgenden Jahr zum Präsidenten der 1905 gegründeten Sinn Fein gewählt und war viermal Regierungschef in Dublin. Der Blick auf die Biographie Eamon de Valeras zeigt übrigens auch, daß die wenigsten antibritischen Kämpfer von Gefängnishaft verschont wurden. Bevor de Valera im Jahr 1921, als London dem Süden der Insel Dominionsstatus zugestand und sich die Teilung Irlands anbahnte, Premierminister wurde, hatte er bereits reichlich Gefängniserfahrung.

Aber nicht nur die kollektive Erfahrung der republikanischen Bewegung, sondern auch die eigene Familientradition erklärt die Rolle, die Gerry Adams übernommen hat. 1948 in Belfast geboren, stammt er aus einer katholischen Arbeiterfamilie, die seit über 70 Jahren ihren Einfluß auf die aus dem Osteraufstand von 1916 hervorgegangene IRA ausübt. Sein Vater nahm 1939 an einer Terrorkampagne der Organisation teil, der sich auch drei seiner Brüder anschließen sollten. Adams' Großvater zählte zu den Vertrauten des irischen Revolutionärs James Connolly, der seinen Einsatz beim Osteraufstand in Dublin mit dem Leben bezahlte. Die Verhältnisse, in denen Gerry Adams, das älteste von zehn Kindern, aufwuchs, waren bescheiden. Die Erinnerung an die katholische Falls Road oder an den West-Belfaster Stadtteil Ballymurphy, die auch im vorliegenden Buch in bittersüßer Verklärung auftaucht, hat Adams zunächst in seinen *Falls Memories* beschrieben – in einem der zahlreichen Bücher, die er in den letzten zwanzig Jahren verfaßte. Die *Falls Memories* sind eine zärtliche Jugenderinnerung, in denen von Gerry Adams' tiefem Haß auf die Briten nur wenig zu spüren ist. Dabei forderte der Bürgerkrieg auch in seiner Familie mehrere Opfer: Ein Cousin wurde von unionistischen Extremisten erstochen, ein Schwager von britischen Soldaten erschossen.

Seine politische Karriere hatte Gerry Adams schon begonnen, bevor es überhaupt zu den ersten katholischen Bürgerrechtsmärschen Ende der sechziger Jahre kam und schließlich die britische Armee 1969 in Nordirland einmarschierte. Adams, der schon als Teenager ein Interesse für Politik zeigte und von einem seiner Lehrer als »sehr ruhig, fast wortkarg« beschrieben wurde, schloß sich 1964 der Sinn Fein an und wurde schnell innerhalb der katholischen Protestbewegung aktiv. Ältere Mitglieder der republikanischen Bewegung erkannten schon damals Adams' Fähigkeit zur politischen Agitation. Die Pressearbeit, die die Demonstrationen für bessere Berufschancen und Wohnmöglichkeiten begleitete, wurde meist Adams überlassen. Eine höhere Bildung hat Adams aber nie genossen. Sein Vater drängte ihn zwar, zu studieren oder wenigstens einen »ordentlichen« Beruf zu erlernen, aber Gerry Adams verließ die West-Belfaster »Christian Brothers' School« mit siebzehn. Seine spärliche »echte« Berufserfahrung machte Adams unter anderem ausgerechnet im Protestantenviertel an der Shankill Road – als Barmann in einem Pub.

Um so schneller gelang ihm der Aufstieg innerhalb von Sinn Fein – und, allen gegenteiligen Beteuerungen zum Trotz, wohl auch in der IRA. Obwohl Adams, wie bereits erwähnt, eine IRA-Mitgliedschaft stets verneint hat, beharrt der britische Geheimdienst darauf, daß Adams vor seiner ersten Verhaftung im Jahr 1971 die IRA-Einheit in Ballymurphy kommandierte. Zuvor hatte sich die IRA im Dezember 1969 in zwei Flügel gespalten – eine sogenannte »offizielle« und eine »provisorische« Abteilung, wobei sich die »Provisionals« gegen eine Teilnahme am politischen Geschehen und für den Boykott von Wahlen aussprachen. Unter dem Eindruck einer Welle von Attentaten protestantischer Loyalisten auf den Straßen von Belfast schloß sich Adams damals den radikaleren »Provisionals« an. Das politische Credo, das dieser Entscheidung zugrunde lag, taucht im vorliegenden Buch im Kapitel »Terrorismus« wieder auf. Dort argumentiert Adams, daß die britische Polizei sowie das Rechts- und Gefängnissystem für den eigentlichen Terror in Nordirland verantwortlich seien – nach dem Motto: Gewalt rechtfertigt Gegengewalt.

Ansonsten ist eine politische Einordnung von Gerry Adams alles andere als einfach, wie auch bei den Angaben zur Biographie des Sinn-Fein-Präsidenten immer wieder die Worte »angeblich« und »vermutlich« verwendet werden. Sicher ist, daß Adams, der die ungleiche Behandlung von Katholiken und Protestanten in seiner Jugend hautnah erlebte, zunächst ein großes Faible für den Marxismus entwickelte. Dennoch schloß er sich 1969 nicht der »offiziellen« IRA an, die die Utopie eines Arbeiterstaates auf irischem Boden verfolgte. Die »Provos« übten eine größere Anziehungskraft auf Adams aus, nicht zuletzt wohl auch deshalb, weil sie den irischen Nationalismus ansprachen, der bis heute in den katholischen Arbeitervierteln von Belfast hochgehalten wird. Adams gilt als überzeugter Katholik, der sein »entwaffnendes Gesicht der IRA-Brutalität« (so der Londoner *Observer* im vergangenen September) nicht nur bei Parteitagen, sondern auch regelmäßig in der Sonntagsmesse zeigt.

Während die offizielle IRA 1972 eine Waffenruhe verkündete und seither von britischen Sicherheitskreisen kaum noch als Risiko eingestuft wird, rückten die »Provos«, und damit auch schillernde Figuren wie Gerry Adams, immer mehr ins Zentrum der Aufmerksamkeit. Die britische Regierung erachtete den damals 23jährigen Adams immerhin als wichtig genug, um ihn 1972 zu Gesprächen zwischen einer IRA-Delegation und dem damaligen Nordirlandminister William Whitelaw aus dem Gefängnis freizulassen. Die IRA hatte Adams' Freilassung zur Bedingung für die Gespräche gemacht. Bei den Gesprächen in London wurde damals ein Waffenstillstand ausgehandelt, der allerdings schon zehn Tage später wieder gebrochen wurde. Adams verschwand daraufhin im Untergrund.

Rekruten der IRA bekommen während ihrer Ausbildung eingeschärft, daß sie damit rechnen müssen, früher oder später in Long Kesh zu landen, einem Gefängnis zehn Kilometer südwestlich von Belfast, das im offiziellen britischen Sprachgebrauch »Her Majesty's Prison, The Maze« heißt. Nach Angaben der IRA waren zwischen 1969 und 1986 acht- bis zehntausend Angehörige der Untergrundorganisation in Long Kesh oder anderswo in Nordirland und auf dem britischen Festland inhaftiert. Dazu zählte auch Gerry Adams, der insgesamt viereinhalb Jahre in nordirischen Gefängnissen zubrachte. Nach seinem ersten Aufenthalt in Long Kesh und seiner Freilassung im Juli 1972 stieg Adams vermutlich zum Kommandeur der Belfaster IRA-Brigade auf. Ab dem folgenden Sommer des Jahres 1973 verbüßte er – wiederum in Long Kesh – eine dreijährige Gefängnisstrafe. Aus dieser Zeit stammen auch die vorliegenden Erinnerungen. 1978 wurde er erneut unter der Anklage der IRA-Mitgliedschaft verhaftet und mußte sieben Monate in Untersuchungshaft verbringen, bevor die Anklage wieder fallengelassen wurde. Die einzige rechtskräftige Verurteilung, die überhaupt je gegen Adams ausgesprochen wurde, rührt aus mehreren Ausbruchsversuchen aus Long Kesh her.

Long Kesh war in den Hochzeiten des Kampfes zwischen »irischen Terroristen« und »britischen Besatzern«, also in den siebziger Jahren, einer der Endpunkte des gefürchteten »Conveyor-Belt System«. Von diesem Fließbandsystem versprachen sich die Briten, die die nordirische Provinz seit März 1972 wieder direkt von London aus regierten, eine effektivere juristische Handhabe gegen die IRA und ihre protestantischen Gegenspieler. Teil im »Conveyor-Belt System« waren Terroristen-Prozesse ohne Jury sowie erzwungene Geständnisse. Auch Gerry Adams machte im Verhörzentrum Castlereagh Bekanntschaft mit den Prügelmethoden der nordirischen Polizei, der Royal Ulster Constabulary (RUC); das deutsche Publikum dürfte, nicht zuletzt dank des letztjährigen Hollywood-Epos »Im Namen des Vaters«, mit dem Fall des Gerard Conlon vertrauter sein. Conlon war 1975 zusammen mit drei anderen Angeklagten zu lebenslangem Zuchthaus verurteilt worden, weil er angeblich im Vorjahr Bombenanschläge auf zwei Pubs im englischen Guildford verübt hatte. Die Urteile gegen die »Guilford Four«, die auf erzwungenen Geständnissen beruhten, wurden 1989 aufgehoben.

Die vorliegenden Gefängnis-Erinnerungen von Gerry Adams sind aber erst in zweiter Linie eine Anklage gegen das britische Justizsystem. Zunächst erfährt der Leser einiges vom Alltag der Gefangenen in den »Cages«, jenen zugigen Wellblechhütten, die später dem Hochsicherheitstrakt der sogenannten H-Blocks wichen. Einerseits lassen sich die einzelnen Kapitel wie politische Pamphlete lesen – und dazu waren sie bei ihrem ersten Erscheinen in der Belfaster Zeitung *Republican News*, mit deren Hilfe Adams in den siebziger Jahren die Neuorganisation der IRA betrieb, auch gedacht. Aus dem Abstand von zwanzig Jahren erscheinen sie aber auch trotz – oder gerade wegen – des Gefängnisjargons und des lakonischen Stils als authentische Dokumente einer Zeit, als die IRA noch glaubte, die britische Armee aus Nordirland hinausbomben zu können, und London umgekehrt mit einer »Normalisierung« der Lage rechnete (beides eitle Hoffnungen, wie man heute weiß).

Am Rande machen Adams' Erinnerungen auch deutlich, daß Long Kesh für viele IRA-Häftlinge ein Ort der politischen Beschäftigung war. Es gab auch Häftlinge, die im Gefängnis anfingen, die gälische Sprache zu lernen, und wieder andere verbrachten ihre Zeit damit, Motive der keltischen Mythologie aus Buchvorlagen abzuzeichnen. Fast könnte man sagen, daß Long Kesh für die politischen Gefangenen auf der katholischen Seite – auch protestantische Terroristen waren hier untergebracht – eine Art »gälische Volkshochschule« darstellte. Allerdings ist das nur der romantische Teil der Wahrheit. Zum Gefängnisalltag in den Jahren 1973 bis 1976 gehörte auch, daß sich der spätere Sinn-Fein-Chef Adams bei Neuankömmlingen stets die Frage stellte, ob sie der republikanischen Bewegung in irgendeiner Form nützen könnten. Zahlreiche Mitglieder von Sinn Fein und der IRA gingen in Long Kesh durch die »Schule« von Gerry Adams – ein Umstand, den man in den Erinnerungen vergeblich sucht.

Dafür werden aber zahlreiche andere Daten und Ereignisse, die für die nordirische Schreckenschronik der letzten 25 Jahre noch heute von Bedeutung sind, zumindest angerissen. Da ist zunächst die Aufhebung des »Special Category Status«, die ab dem 1. März 1976 politische Gefangene ihrer Privilegien beraubte und eine Welle von Protesten heraufbeschwor. Der »Special Category Status«, der republikanischen und loyalistischen Gefangenen gleichermaßen gewährt wurde, ging zurück auf das bereits erwähnte Treffen von IRA-Vertretern mit dem britischen Nordirlandminister Whitelaw im Juli 1972, an dem auch Gerry Adams teilnahm. Whitelaw bezeichnete die Einführung dieser Regelung, die den politischen Häftlingen faktisch den Status von Kriegsgefangenen verlieh, später als »größten Fehler« seines Lebens. Vier Jahre lang wurden die Gefangenen nach politischer Zugehörigkeit getrennt, sie konnten ihren Tagesablauf selbst bestimmen, wurden beständig von der Außenwelt mit Nachrichten und Eßpaketen versorgt und wählten ihre eigenen »OCs«, die »Officers-in-Charge«. Die IRA-Häftlinge organisierten sich zwar nach militärischen Regeln, trugen aber – und das war für die meisten Streikaktionen nach Abschaffung des »Special Category Status« der springende Punkt – ihre eigene Kleidung. Zu denen, die sich weigerten, Gefängniskleidung anzuziehen, gehörte auch der im englischen Wakefield inhaftierte IRA-Mann Frank Stagg. Staggs Hungerstreik, den Adams mit einer detaillierten Schilderung der Zwangsernährungspraxis veranschaulicht, endete im Februar 1976 tödlich.

Zur Chronik des Protests von IRA-Häftlingen gehört auch der Gefängnisbrand in Long Kesh im Oktober 1974, der sich an einem Streit über das Essen, die Reinigung der Wäsche und die generellen Haftbedingungen entzündet hatte. Der Brand in Long Kesh war noch nicht gelöscht, als es in einem Gefängnis in Armagh im Süden der Provinz zu einer besonderen Solidaritätsaktion kam: Dort sperrten weibliche IRA-Häftlinge den Gefängnisleiter mitsamt dreien seiner Untergebenen ein.

Eine andere spektakuläre Aktion nordirischer Frauen, die mit dem Tod des von Adams in Ehren gehaltenen IRA-Mitstreiters Danny Lennon zusammenhängt, unterschlägt der Autor dagegen. 1976 war nicht nur das Jahr, in dem Lennon in Belfast am Steuer seines Wagens erschossen wurde. Es war auch das Jahr, in dem Mairéad Corrigan-Maguire, die Tante der drei Kinder, die Lennon damals mit in den Tod riß, den Protest der »Friedensfrauen« gegen den Krieg ins Leben rief. Zwischen August 1976 und Januar 1977 organisierten Mairéad Corrigan-Maguire und Betty Williams, die später den Friedensnobelpreis bekamen, Protestmärsche von Frauen durch die katholischen und protestantischen Hochburgen von Belfast. In katholischen Gegenden von West-Belfast wurden die Frauen öfters mit Steinen empfangen, und die Organisatorinnen mußten mit unverhüllten Drohungen der IRA leben. Am Ende des Jahres 1977 war die Bewegung der »Friedensfrauen« schon in der Bedeutungslosigkeit versunken.

Zu diesem Zeitpunkt war Gerry Adams wieder auf freiem Fuß und entfaltete außerhalb der Gefängnismauern sein Talent als Vordenker der republikanischen Bewegung. In der zweiten Hälfte der siebziger Jahre kam es zu einem Machtwechsel innerhalb der IRA. Jüngere, radikalere Aktivisten aus Nordirland, darunter Gerry Adams und Martin McGuinness, heute die Nummer zwei bei Sinn Fein, bildeten die sogenannte »Northern Command«, die den IRA-

Männern aus dem Süden der Insel das Ruder aus der Hand nahm. Gleichzeitig begann auch eine langsame politische Öffnung der Untergrundorganisation, ausgelöst von Bobby Sands, der 1981 in Long Kesh in den Hungerstreik trat, sich bei einer Nachwahl für die Bezirke Fermanagh und Süd-Tyrone als Kandidat aufstellen ließ, ins Londoner Unterhaus gewählt wurde, trotzdem aber weiter im Gefängnis bleiben mußte, wo er im Mai 1981 starb.

Damals begann auch Gerry Adams, den Sinn Fein 1983 zum Vorsitzenden wählte, jenen politischen Drahtseilakt, der heute noch andauert: der Versuch, Kontakt mit London und Dublin aufzunehmen, ohne das Vertrauen von IRA/ Sinn Fein zu verlieren. Zwar gab Adams sein 1983 errungenes Unterhausmandat für West-Belfast mit der Begründung ab, er könne keinen Eid auf die Königin leisten. Aber gleichzeitig führte die IRA-Spitze seit Mitte der achtziger Jahre Geheimgespräche mit der britischen und irischen Regierung, bei denen das Feld für eine mögliche politische Lösung sondiert wurde. Der Wahlslogan von dem Gewehr und dem Stimmzettel, den Adams gern als Sinnbild der IRA-Doppelstrategie verwendete, wurde auch für ihn selbst zur Maßregel für das politische Überleben. Würde er auf die martialische Rhetorik der republikanischen Bewegung verzichten, stünde Adams in den eigenen Reihen schnell als »Verräter« da.

Zu derartigen Äußerungen, die Adams bis heute von der britischen Regierung vorgehalten werden, gehört auch seine Rechtfertigung des Bombenattentats auf den Parteitag der Konservativen im englischen Seebad Brighton im Oktober 1984, bei dem die Premierministerin Margaret Thatcher nur knapp dem Tod entging. Das sei eine »Explosion für die Demokratie« gewesen, sagte Adams hinterher auf einem Sinn-Fein-Parteitag. Ein halbes Jahr zuvor hatte ein protestantisches Terrorkommando einen Mordanschlag auf den Parteiführer verübt, der einmal in einem Rundfunkinterview erklärte, er habe eine »90prozentige Chance, eines Tages ermordet zu werden«. Bei dem Attentat im März 1984 erlitt Adams eine Schußverletzung am Hals.

Es mag sein, daß die Friedensbemühungen des inzwischen 46jährigen Adams auch ein Ausdruck von

Altersmüdigkeit sind. In der republikanischen Bewegung zählt er mittlerweile schon selber zur alten Garde. Seinen heute 20jährigen Sohn hat er, ganz gegen republikanische Tradition, stets aus dem Konflikt herausgehalten. Aber auch wenn die alten Kämpfer müde geworden sind: Gerade in der jetzigen Phase des Friedensprozesses kann es sich Adams nicht leisten, sein Doppelspiel aufzugeben. Als er im April 1993 Geheimverhandlungen mit John Hume aufnahm, dem Vorsitzenden der gemäßigten nordirischen katholischen Partei SDLP, ließ er sich auf ein Spiel ein, dessen Ausgang noch völlig ungewiß ist.

In einem Interview mit dem Londoner *Guardian* sagte Adams im vergangenen September, er sei sicher, die Vereinigung Irlands noch zu erleben – vorausgesetzt, er falle keinem Attentat zum Opfer. Bis zum Jahr 2000, so Adams weiter, werde man eine Lösung finden, mit deren Hilfe die britische Rechtsprechung in Nordirland beendet werden könne. Angesichts des irisch-englischen, katholisch-protestantischen Konflikts, der im letzten Vierteljahrhundert im Norden der Grünen Insel in einer Welle von Gewalt eskalierte, dessen Wurzeln aber über 400 Jahre zurückreichen, erscheint diese Prognose reichlich optimistisch – nicht zuletzt, weil die britische Regierung stets bekräftigt hat, daß die protestantische Bevölkerungsmehrheit in Nordirland über das Recht verfügt, jegliche Veränderung des politischen Status quo mit einem Veto blockieren zu können.

Andererseits ist die Bewegung, die Adams und John Hume seit dem Beginn ihrer Gespräche vor zwei Jahren in die starren Fronten gebracht haben, für nordirische Verhältnisse geradezu atemberaubend: Im Dezember 1993 veröffentlichen der britische Premierminister John Major und sein irischer Amtskollege Albert Reynolds die »Downing-Street-Erklärung«, die ein Verhandlungsangebot an alle Konfliktparteien enthält; gleichzeitig erklärt London, keine wirtschaftlichen und strategischen Interessen in Nordirland zu besitzen. Im folgenden Jahr dann die Waffenstillstandserklärungen der IRA und der protestantischen Terrororganisationen, jetzt ein britisch-irisches »Rahmendokument«, das Möglichkeiten der inneririschen Zusammenarbeit aufzeigt ...

Gerry Adams ist kaum zu beneiden. Er muß nicht nur die protestantische Seite davon überzeugen, daß ein Leben in einem vereinigten Irland noch lebenswert ist, sondern auch im eigenen Lager die Trommel rühren. Beim Dubliner Sinn-Fein-Parteitag im Februar des vergangenen Jahres mochte er sich noch nicht dazu durchringen, der IRA die »Downing-Street-Erklärung« als Grundlage für einen Waffenstillstand zu empfehlen. Als die IRA dann doch wenige Monate später eine Waffenruhe verkündete, dauerte es nicht lange, bis erste Versuche, eine »neue« IRA zu gründen und zur Gewalt zurückzukehren, bekannt wurden. Im vergangenen Oktober durchsuchte die Polizei der Republik Irland über 50 Häuser und nahm mehrere Personen fest, die eine neue Terrorgruppe nach dem Muster der IRA bilden wollten.

Während des anglo-irischen Krieges kämpfte die IRA, damals noch ein loser Verbund mehrerer Freiwilligenverbände, in den Jahren von 1919 bis 1921 unter der Leitung eines gewissen Michael Collins gegen die Briten. Collins unterzeichnete 1921 den mit London ausgehandelten Vertrag über die Unabhängigkeit des Südens von Irland und die Abtrennung Nordirlands. Von Collins sind die Worte überliefert, er wisse, daß er mit dem Vertrag auch sein Todesurteil unterzeichnet habe. Tatsächlich wurde er im folgenden Jahr von seinen ehemaligen IRA-Kameraden ermordet. Das Ende von Michael Collins ist bis heute in IRA-Kreisen gegenwärtig. Wenn es Gerry Adams gelingt, die Gewalt in Nordirland zu beenden und trotzdem von Collins' Schicksal verschont zu bleiben, ist viel gewonnen.

Berlin, Februar 1995

*Albrecht Meier, Jahrgang 1962, ist seit November 1991 politischer Redakteur beim Berliner Tagesspiegel. Zuvor Studium an der University of Glasgow, Erwerb des »Master of Arts« in »Politics« und »Modern History«.*